I0186523

www.ingramcontent.com/pod-product-compliance
Lightning Source LLC
Chambersburg PA
CBHW071213090426
42736CB00014B/2801

9781680379204

מִלִּבָּהּ של אָמַּה

שיחות עם

שְׁרִי מָאטַה אָמְרִיטָאנַנְדָמַאִי דֶוִי
הידועה בשם "הָאֵם המחבקת"

תורגם ונכתב על-ידי

סוואמי אמריטסוורופנאדה פורי

Mata Amritanandamayi Center
San Ramon, California, USA

מליבה של אָמַּה

הוצא לאור על-ידי:
Mata Amritanandamayi Center
P.O. Box 613
San Ramon, CA 94583
United States

--------------*From Amma's Heart (Hebrew)* ------------

Copyright 2024 © Mata Amritanandamayi Mission Trust
Amritapuri, Kollam Dt
Kerala, India 690546

זכויות יוצרים מאת מרכז מָאטַה אָמְרִיטְאָנַנְדָמַאִי, אַמְרִיטַפּוּרִי, קוֹלָאם. כל הזכויות שמורות. אין לשכפל, להעתיק,לצלם,להקליט,לאחסן במאגר המידע,לתרגם,לשדר או לקלוט בכל דרך או בכל אמצעי - כל חלק שהוא מן החומר שבפרסום זה, אלא ברשות מפורשת בכתב מהמו"ל.

בישראל:
www.amma.org.il
info@amma.org.il

בינלאומי:
www.amma.org
inform@amritapuri.org

ספר זה מוגש לרגלי הלוטוס
של אָמַה האהובה עלינו מכל,
מקור כל היופי והאהבה

תוכן העניינים

הקדמה	9
תכלית החיים	13
היה סבלני משום שאתה מטופל	16
המשמעות האמיתית של דְהַרְמַה	18
אהבה ואהבה	21
תודעה וערנות	22
תודעה תמיד קיימת	24
ללא טענות	27
חשיבות הגורו בדרך הרוחנית	28
המגע המרפא של אָמַה	30
כאב המוות	32
האנושות כעת	34
קיצור דרך להתגשמות עצמית	36
להתקדם מבחינה רוחנית	37
המיינד של ישות מוארת	39
המרחק בין אָמַה לבינינו	41
דרכיה של אָמַה	43
אין אמת חדשה	45
אמת	46
עצה בת שורה אחת	48
הצורך בלוח זמנים	51
מאמץ עצמי	52
חסד	54
סָאנְיָאס מעבר לסיווג	56
מחזה אלוהי באמצע השמיים	58

60	חמלה וסימפטיה
62	אהבה אמיתית היא מצב של חוסר פחד מוחלט
63	עשה ואל תעשה
65	אָמַה, מתנה לעולם
67	דמותו של הסָאטְגוּרוּ
68	תלמידים מושלמים
70	וֵדָאנְטָה והבריאה
74	"האם אתם שמחים?"
75	דוגמה נהדרת
76	מערכות יחסים
80	מה עושה מאסטר אמיתי?
82	פעולותיו של מַהַאטְמָה
84	חיבוקיה של אָמַה מעירים
85	כיצד להפוך את העולם לאלוהים
86	כוחן של מילותיה של אָמַה
88	מדענים וקדושים
89	איך להתקדם מעבר למחשבות?
91	אלימות, מלחמה והפתרון
94	ישו והנצרות
96	חניכה לתוך מנטרה של ישו
98	מחפשים הוזים והדרך החוצה
100	עזרתו של מאסטר אֶמֶת להשלמת המסע
101	מינְחָה מלב תמים
102	קו-חם לאלוהים
103	כמו נהר זורם
104	צלילים וֵדִים ומַנְטְרוֹת
106	משהו חסר

108	העולם ואלוהים
112	סבלנות ללא גבולות
116	אהבה ללא תנאי וחמלה
117	הדרך הקלה ביותר
118	הארה, כניעה וחיים בהווה
120	גַ'אפָּה מָאלָה וטלפון סלולרי
121	אוּפַּנִישָׁד חי
125	מאיה
126	אתאיסטים
128	שלווה
131	השיעור הגדול ביותר בחיים
133	אמנות ומוזיקה
135	מעיין נובע של אהבה
136	מדוע את מחבקת?
137	כל רגע שיעור יקר ערך
139	להבין אדם מואר
141	אָמַה, האנרגיה הבלתי נדלית
143	הבן האובד נמצא
145	אלימות
147	בורות היא הבעיה
149	פרשנות לענווה
150	האם אנו מיוחדים?
151	עזרה עצמית או עזרת העצמי
154	אגו הינו רק להבה קטנה
156	חדשות
157	נשיקת שוקולד והעין השלישית
159	טבעה של ההארה

161	הרואה
163	תמימות הנה שָׁאקְטִי אלוהית
164	אָמַה אינה יכולה להיות אחרת
165	כמו זיהויו של אהוב לבך
166	תחושת השונות
168	האם אלוהים זכר או נקבה?
170	רוחניות יוצרת איזון
171	היקשרות ואהבה
173	כיצד להתגבר על סכנות החיים
176	אל תאגרו את עושרו של אלוהים
178	אָמַה והטבע
181	סָאנְיָאס – פסגת הקיום האנושי
184	ישנה רק דְהַרְמָה אחת
187	פעולה של אחדות כדְהַרְמָה
188	מסירות ומודעות
189	סיוע לליבם הסגור של התלמידים להפתח
191	משמעותה של הכרת תודה
192	הכוח שמאחורי הגוף
194	שתי התנסויות הכרחיות
195	התחשבות באחרים
197	רחם של אהבה
198	האם אנשים רוחניים הם מיוחדים?
200	רק הפסקה זמנית
202	מה שהמיינד שומע
203	אהבה וחוסר פחד
205	מדוע ישנן מלחמות?
207	כיצד אנו יכולים לשמח את אָמַה?

208	הבעיה האמיתית
209	אין שום דבר שגוי בעולם
210	מדוע ללכת בנתיב הרוחני?
211	התמודדות עם אנרגיה רוחנית
212	על תלונה מלב תמים וחמלה
214	להעיר את התלמיד החולם
216	ציות לגורו
217	האופק הינו כאן
219	אמונה ומחרוזת תפילה
221	אהבה וכניעה
222	מודעות וערנות
223	אמונה הופכת הכל לפשוט
224	התמקדות במטרה
225	פעולה ושעבוד
226	כדי שתצמח יכולת הבחנה
227	הזינוק האחרון
228	הרגע המאושר ביותר בחייה של אָמַה
230	המתנה הגדולה ביותר שאָמַה מעניקה
231	אהבה מחייה כל דבר
234	שיעור גדול במחילה
238	דָאְרשָׁן
240	לא חשיבה, אלא מתן אמון
142	מילון מונחים

הקדמה

ללא תקשורת מילולית החוויה האנושית תהיה אומללות. החלפת רעיונות ושיתוף רגשות הינם חלק בלתי נפרד מהחיים עצמם. עם זאת, השקט שאנו רוכשים דרך תפילה ומדיטציה הוא זה שבאמת עוזר לנו למצוא שלווה ואושר אמיתי, בעולם רועש זה של הבדלים, הגורמים לעימותים ותחרות.

בחיי היומיום הרגילים, בהם אנשים נדרשים לפעול בהדדיות ולתקשר במצבים שונים, קשה לשמור על שתיקה. אפילו כאשר סביבתנו תורמת לשלווה, לא פשוט להישאר בשקט. זה אפילו יכול להוציא אנשים מהדעת. למרות זאת, שקט שכולו אושר הינו הטבע האמיתי של אישיות אלוהית כמו אָמַה.

בהסתכלי באָמַה מתמודדת עם מצבים ואנשים שונים בכל רחבי העולם, ראיתי את החן והשלמות שבהם היא עוברת ממצב רוח אחד לאחר. ברגע אחד אָמַה היא המאסטרית הרוחנית העליונה, וברגע הבא היא אם רחומה. לעתים היא במצב רוח של ילדה, פעמים אחרות במצב רוח של מנהלת. אחרי שהיא מייעצת למנכ"לים, מדענים עטורי פרסים ומנהיגים עולמיים, היא פשוט קמה והולכת לאולם הדָארְשָן , שבו היא מקבלת אלפים מילדיה מכל קצוות החברה. באופן כללי אָמַה מעבירה את כל היום וכל הלילה שלה בניחום ילדיה, בהקשבה להם, בניגוב דמעותיהם ובכך שהיא משרה בהם אמונה, בטחון וכוח. עם כל זה, אָמַה תמיד נשארת במצב השליו הטבעי שלה. היא אף פעם לא מתעייפת. היא אף פעם לא מתלוננת. פניה תמיד קורנות בחיוך זוהר. אָמַה, היוצאת מגדר הרגיל בצורה רגילה, מקדישה כל רגע מחייה בשביל אחרים.

מה עושה את אָמַה לשונה מאיתנו? מהו הסוד? מאיפה מגיעות האנרגיה והעוצמה האינסופיים שלה? נוכחותה של אָמַה עונה על שאלות אלו כל כך בבירור ובצורה מוחשית, ומילותיה מדגישות זאת:

"היופי במילותינו, הקסם בפעולות שלנו, כוח המשיכה בתנועות שלנו, כולם תלויים במידת השקט שאנו יוצרים בתוכנו. לבני אנוש יש את היכולת להגיע יותר ויותר עמוק אל תוך שקט זה. ככל שאתה מגיע יותר עמוק, כך אתה מתקרב לאינסופי."

שקט עמוק זה הוא מרכז מהותה של אָמַה. אהבה ללא תנאי, הסבלנות שאינה נגמרת, החן והטוהר היוצאים מגדר הרגיל, כל מה שאָמַה מגלמת הם שלוחות של השקט העצום שבו היא שוכנת.

היה זמן שבו אָמַה סירבה לדבר כמו שהיא מדברת כיום. פעם כשנשאלה על כך, אָמַה אמרה, "גם אם אָמַה תדבר, לא תוכל להבין כלום." למה? בגלל שמתוך הבורות שלנו אנו לא יכולים אפילו להתחיל ולהבין את החוויה הגבוהה והמעודנת ביותר שבה אָמַה נמצאת. אז למה אָמַה מדברת? עדיף להשתמש במילים של אָמַה עצמה: "אם אף אחד לא יוביל את המחפשים אחר האמת, הם עלולים לנטוש את הדרך במחשבה שאין כזה מצב של הארה."

בעצם נשמות גדולות כמו אָמַה היו מעדיפות להישאר בשקט מאשר לדבר על המציאות שמאחורי העולם האובייקטיבי הזה של ההתרחשויות. אָמַה יודעת היטב שכאשר אמת מתורגמת למילים היא בהכרח מתעוותת, ושהמיינד הבור והמוגבל שלנו יפרש אותה בדרך שהכי פחות מפריעה לאגו. למרות זאת, אָמַה כהתגלמות של חמלה מדברת אלינו, עונה לשאלותינו ומסלקת את ספקותינו, בידיעה שהמיינד שלנו רק ייצור עוד ועוד שאלות מבלבלות. בזכות הסבלנות והאהבה הזכה של אָמַה אל האנושות היא ממשיכה לענות לבקשות האוויליות שלנו. היא לא תחדל עד שגם המיינד שלנו יגיע לשקט רווי באושר.

בשיחות שתועדו בספר זה, אָמַה, מאסטרית של מאסטרים, מנמיכה את המיינד שלה לרמה של ילדיה, ובכך עוזרת לנו לקבל הבזק של המציאות הבלתי משתנה שמשמשת תשתית לעולם המשתנה.

אספתי את פנינות החוכמה הללו מאז 1999. כמעט כל השיחות והמקרים היפהפיים האלו תועדו במהלך הסיורים של אָמַה במערב. ניסיתי להקשיב למנגינות המתוקות והאלוהיות של לִבּהּ של אָמַה, שאותם היא תמיד מוכנה לשתף עם ילדיה, בזמן שישבתי לצידה בזמן דָארְשָן. לא קל ללכוד את הטוהר, הפשטות והעומק של מילותיה של אָמַה. זה בהחלט מעבר ליכולת שלי. למרות זאת, רק בזכות החמלה האינסופית שלה התאפשר לי לתעד את מבעה האלוהי ולהעביר אותם לפה.

למילים של אָמַה, כמו אָמַה עצמה, יש מימד עמוק יותר ממה שנראה לעין- היבט אינסופי שהמיינד האנושי הרגיל אינו יכול לתפוס. עלי להודות בחוסר היכולת שלי להבין ולהעריך לגמרי את המשמעות העמוקה יותר של מילותיה של אָמַה. המיינד שלנו, המשוטט בעולם האובייקטים הטריוויאלי, לא מסוגל להבין את אותו מצב

תודעה גבוה, שממנו אָמָה מדברת. באומרי זאת, אני באמת מאמין שמילותיה של אָמַה המוגשות כאן הן מאוד מיוחדות, ובאופן מסוים שונות מאלו שאפשר למצוא בספרים קודמים.

תשוקתי הכנה היתה לבחור ולהציג את שיחותיה היפהפיות הלא רשמיות של אָמַה עם ילדיה. לקח לי ארבע שנים לאסוף אותן ובפנים נמצא כל היקום כולו. מילים אלו באות ממעמקי תודעתה של אָמַה, כך שממש מתחת להן נמצא אותו שקט מלא אושר- טבעה האמיתי של אָמַה. קראו עם תחושה עמוקה. התבוננו ומדטו על תחושה זו, והמילים יפרשו בפניכם את משמעותן הפנימית והעמוקה.

קוראים יקרים, אני בטוח שתוכנו של ספר זה יעשיר ויחזק את המסע הרוחני שלכם בהבהרת ספקותיכם וטיהור תודעתכם.

סְוָואמִי אמריטסוורופננדה פורי
15 ספטמבר 2003

תכלית החיים

שואל: אָמַּה, מהי תכלית החיים?

אָמַּה: זה תלוי בסדר העדיפויות שלך ואיך אתה רואה את החיים.

שואל: שאלתי היא מהי באמת תכלית החיים?

אָמַּה: התכלית האמיתית של החיים היא לחוות את מה שמעבר לקיום הפיזי.

אולם, כל אחד רואה את החיים בדרך שונה. רוב בני האדם רואים את החיים כמאבק מתמיד להישרדות. רוב האנשים האלה מאמינים בתאוריה של "החזק שורד". הם מרוצים מדרך החיים הנורמלית- לדוגמה: להשיג בית, עבודה, מכונית, אישה או בעל, ילדים ומספיק כסף לחיות. אכן אלה דברים חשובים, ואנו צריכים להתמקד בחיי היום יום ולהיות אחראים על חובותינו והתחייבויותנו - קטנות כגדולות. אבל יש יותר מכך בחיים, מטרה גבוהה יותר, והיא להכיר ולהבין מי אנחנו.

שואל: אָמַה, מה אנחנו משיגים בידיעה מי אנחנו?

אָמַה: הכל. תחושה של מלאות שלמה, ללא שום דבר נוסף שעלינו להרוויח מהחיים. הבנה זו עושה את החיים מושלמים.

לא משנה מה צברנו או מה אנו שואפים להשיג, עדיין רוב האנשים חשים שחייהם אינם שלמים. כמו האות "C". הפער או החוסר תמיד יהיו שם. רק ידע רוחני, והכרה ב אני העליון [*אַטְמָאן*] יכול להשלים את החסר ולאחד את שני הקצוות שיראו כמו האות "O". הבנה זו בלבד תעזור לנו להרגיש מקורקעים היטב במרכז האמיתי של החיים.

שואל: אם כך, מה בנוגע לחובות הארציים שעל האדם למלא?

אָמַה: לא משנה מי אנחנו ומה אנו עושים, החובות שאנו ממלאים בעולם אמורים לעזור לנו להגיע *דְהַרְמַה* הנעלה, שהיא האיחוד עם העצמי האוניברסלי. כל היצורים החיים הם אחד, כי החיים הם אחד. ולחיים יש רק מטרה אחת. בגלל ההזדהות של הגוף עם המיינד, אדם עלול לחשוב "חיפוש העצמי והשגת 'הארה' איננה ה*דְהַרְמַה* שלי. ה*דְהַרְמַה* שלי היא לעבוד כמוזיקאי או כשחקן או כאיש עסקים". זה בסדר להרגיש כך. אבל לעולם לא נמצא סיפוק, אם לא נכוון את כוחותינו למטרה הנעלה של החיים.

שואל: אָמַה, את אומרת שלכולם תכלית החיים היא גילוי העצמי או הארה, אבל זה לא נראה ככה, כי רוב האנשים אינם משיגים הארה או אפילו שואפים לכך.

אָמַה: זה כך משום שלרוב האנשים אין הבנה רוחנית. מה שידוע כמאיה, כוח האשליה של העולם, המכסה על האמת ומרחיק את האנושות ממנה.

באם אנו מודעים לכך או לא, תכלית החיים האמיתית היא להכיר באלוהות בתוכנו. ישנם דברים רבים שאולי אינכם יודעים במצבכם המנטאלי העכשווי. זה ילדותי לומר "הם לא קיימים כי אני לא מודע להם". ככל שמצבים וחוויות נפרשים, מצבים ושלבים חדשים ולא ידועים נפתחים, כך תגיע קרוב יותר ויותר לעצמי האמיתי שלך. זה רק עניין של זמן. לחלק מהאנשים הכרה בעצמי כבר התרחשה; לחלק זה יקרה כל רגע; ועדיין יש כאלה שזה יקרה להם בשלב יותר מאוחר. רק בגלל שזה עדיין לא קרה או אפילו לא יקרה בחיים האלה, אל תחשוב שזה לעולם לא יקרה. בתוכך, ידע גדול מחכה להתגלות בהסכמתך. אך זה לא יקרה אם לא תרשה לכך לקרות.

שואל: מי זה שצריך להרשות זאת? המיינד?

אָמַה: כולך. המיינד, הגוף והאינטלקט.

שואל: האם זה עניין של הבנה?

אָמַה: זה עניין של הבנה ועשיה.

שואל: איך אפשר לפתח את ההבנה הזאת?

אָמַה: עליך לפתח ענווה.

שואל: למה ענווה כל כך חשובה?

אָמַה: ענווה עוזרת לך להיות רגיש ופתוח לכל החוויות ללא שיפוט. כך אתה לומד יותר.

זה לא עניין של הבנה אינטלקטואלית בלבד. ישנם הרבה אנשים בעולם שיש להם בראש הרבה יותר ידע רוחני משצריך. אך כמה מתוכם אכן רוחניים? כמה מהם אכן שואפים להגיע ליעד זה? או כמה מהם אפילו מנסים להעמיק את הבנת העקרונות הרוחניים? מעט מאוד. נכון?

שואל: אז אָמַה, מהי הבעיה האמיתית? האם זה חוסר באמונה או קושי לצאת מהראש שלנו?

אָמַה: אם יש בך אמונה אמיתית באופן אוטומטי אתה "נופל" ללב.

שואל: אז זה חוסר באמונה?

אָמַה: מה אתה חושב?

שואל: כן. זה מחסור באמונה. אבל למה את קוראת לזה "ליפול" ללב?

אָמַה: מבחינה פיזית הראש הוא הכי גבוה בגוף. להגיע ממנו אל הלב עליך ליפול. אבל מבחינה רוחנית זה לעלות למעלה בנסיקה גבוהה.

היה סבלני משום שאתה מטופל

שואל: איך מישהו יכול לקבל עזרה אמיתית מסָאטְגוּרוּ [מאסטר אמיתי]?

אָמַה: על מנת לקבל עזרה, קודם כל תקבל את זה שאתה מטופל ואז תהיה סבלני.

שואל: אָמַה, האם את הרופאה שלנו?

אָמַה: אף רופא טוב לא יסתובב ויכריז "אני הרופא הכי טוב, בואו אליי, אני ארפא אתכם." אפילו אם למטופל יש את הרופא הכי טוב, רק אם המטופל מאמין ברופא/ה, הטיפול יכול להיות יעיל.

בלי קשר לזמן ומקום, כל הניתוחים המתרחשים בחדר הניתוחים של החיים מתבצעים על ידי אלוהים. כבר ראית איך מנתחים לובשים מסכה במהלך ביצוע הניתוח. אף אחד לא מזהה אותם באותו זמן, אך ממש מאחורי המסכה נמצא הרופא. באותו אופן, ממש מתחת לפני השטח של כל החוויות בחיים, נמצאות הפנים מלאות החמלה של אלוהים, או הגורו.

שואל: אָמַה, האם את לא תומכת בדְּבֵקַייך כאשר מדובר בלהסיר את האגו שלהם?

אָמַה: כאשר רופא מנתח ומסיר את החלק הסרטני בגוף של מטופל, האם אתה מתרגם את זה לחוסר תמיכה? אם כך, אז גם אָמַה לא תומכת, כביכול. אך רק אם הילדים משתפים פעולה היא תיגע באגו שלהם.

שואל: מה את עושה על מנת לעזור להם?

אָמַה: אָמַה עוזרת לילדים שלה לראות את סרטן האגו - החולשות הפנימיות והשליליות, והופכת את זה לקל יותר עבורם להיפטר מכך. זוהי חמלה אמיתית.

שואל: האם את מתייחסת אליהם כמטופלים שלך?

אָמַה: חשוב יותר שהם יבינו שהם מטופלים.

שואל: אָמַה, למה את מתכוונת ב"שיתוף פעולה של התלמידים"?

אָמַה: אמונה ואהבה.

שואל: אָמַה זוהי שאלה טיפשית אבל אני חייב לשאול אותה. בבקשה סלחי לי אם אני מתנהג בטיפשות.

אָמַה: קדימה תשאל.

שואל: מהם אחוזי ההצלחה של הניתוחים שלך?

אָמַה צחקה בקולי קולות וטפחה בעדינות בקצה ראשו של הדבק.

אָמַה: (עדיין צוחקת) בני, ניתוחים מוצלחים הם נדירים מאוד.

שואל: למה?

אָמַה: כי האגו לא מאפשר לרוב האנשים לשתף פעולה עם הרופא. הוא אינו מאפשר לרופא לעשות עבודה טובה.

שואל: (בשובבות) הרופא זו את נכון?

אָמַה: (באנגלית) אני לא יודעת.

שואל: אוקיי, אָמַה, מהי הדרישה הבסיסית כדי שניתוח שכזה יצליח?

אָמַה: ברגע שהמטופל נמצא על שולחן הטיפולים, הדבר היחיד שהוא או היא יכולים לעשות הוא להיות בשקט, להאמין ברופא ולהתמסר. כיום, גם בניתוחים קטנים רופאים מרדימים את המטופלים. אף אחד לא רוצה להרגיש כאב. אנשים היו מעדיפים להיות מחוסרי הכרה מאשר להישאר ערים בזמן שהם עוברים דרך הכאב. הרדמה, אם היא מקומית או כללית, גורמת למטופל להיות לא מודע לתהליך. לעומת זאת, כאשר מאסטר אמיתי עובד עלייך, על האגו שלך, הוא או היא מעדיפים לעשות זאת בזמן שאתה ער. הניתוח של המאסטר האלוהי מסיר את האגו הסרטני של התלמיד. כל התהליך הופך לקל הרבה יותר אם הדָּבֵק יכול להשאר פתוח ובהכרה.

המשמעות האמיתית של דְהַרְמַה

שואל: דְהַרְמַה מוסברת בדרכים שונות על ידי אנשים שונים. זה מבלבל שיש כל כך הרבה פרשנויות למושג אחד כמו דְהַרְמַה. אָמַה, מהי המשמעות האמיתית של דְהַרְמַה?

אָמַה: המשמעות האמיתית של דְהַרְמַה מתגלה רק כשאנו חווים את אלוהים כמקור וכתמיכה שלנו. אי אפשר למצוא אותה במילים או בספרים.

שואל: זוהי הדְהַרְמַה האולטימטיבית, נכון? אך איך אנו מוצאים משמעות המתאימה לחיי היום-יום שלנו?

אָמַה: זוהי התגלות המתרחשת אצל כל אחד מאיתנו בעודנו מתנסים בחוויות השונות של החיים. עבור אנשים מסוימים, התגלות זו מגיעה מהר. הם מוצאים מיד את הדרך הנכונה ואת מסלול הפעולה הנכון. עבור אחרים זהו תהליך איטי.

ייתכן ועליהם לעבור תהליך של ניסוי ותהייה לפני שיגיעו לנקודה בחיים, שממנה יוכלו להתחיל לחיות את הדְהַרְמַה שלהם בעולם הזה. אין זה אומר שמה שהם עשו בעבר הלך לאיבוד. לא, דבר זה יעשיר את חוויתם, והם גם ילמדו מספר שיעורים מכך, במידה ויישארו פתוחים.

שואל: האם ניהול של חיי משפחה נורמליים, התמודדות עם אתגרים ובעיות של משק בית יכולים להעפיל על ההתעוררות הרוחנית של מישהו?

אָמַה: לא אם אנו שומרים על הגשמה-עצמית כמטרתינו הסופית בחיים. אם זוהי מטרתינו, אנו נעצב את מחשבותינו ופעולותינו באופן שיעזור לנו להשיג זאת, לא כך? תמיד נהיה ערים ליעד האמיתי שלנו. מישהו הנוסע ממקום אחד למקום אחר יכול לעצור בכמה תחנות על מנת לשתות כוס תה או לאכול, אבל הוא או היא תמיד יחזרו לרכב, גם בזמן שהם עושים הפסקות קטנות כאלה הם יהיו ערים ליעד המקורי שלהם. באותו אופן, בחיים אנו יכולים לעצור פעמים רבות ולעשות דברים שונים. אך אל לנו לשכוח לעלות שוב לכלי הרכב המסיע אותנו במהלך המסע הרוחני, ולהמשיך לשבת עם חגורת בטיחות מהודקת היטב.

שואל: "חגורת בטיחות מהודקת היטב"?

אָמַה: כן, כשאתה טס, כיסי אוויר יכולים ליצור מערבולות והנסיעה יכולה להיות קופצנית. אפילו כשנוסעים בכביש יכולות להתרחש תאונות. לכן תמיד עדיף להיות בטוחים ולהעזר באמצעי בטיחות מסוימים. באותו אופן, במסע רוחני, אי אפשר לפסול סיטואציות שעלולות לגרום טלטלה מנטאלית ורגשית. על מנת להגן על עצמנו מנסיבות שכאלה, עלינו לשמוע לסָאטְגוּרוּ [מאסטר אמיתי], לחיות במשמעת וב"עשה"" ו"אל תעשה" של החיים. אלו הן חגורות הבטיחות בכל מה שקשור למסע הרוחני.

שואל: אז לא משנה איזו עבודה אנו מבצעים, זה לא אמור להסיח את דעתינו מהדְהַרְמַה האולטימטיבית שלנו, שהיא התגלות-האלוהים. אָמַה, האם זה מה שאת מציעה?

אָמַה: כן. לאלו ממכם הרוצים לחיות חיים של התבוננות ומדיטציה, האש הזו של הכמיהה צריכה להישאר דולקת בפנים. המשמעות של דְהַרְמַה היא "זה אשר תומך"- זה אשר תומך בחיים ובקיום הנו האַטְמָאן [עצמי]. לכן, דְהַרְמַה, למרות שבאופן שוטף משמשת לבטא "מחויבות של מישהו" או הדרך שעל אדם לקחת

בעולם, בסופו של דבר מצביעה על התגלות-עצמית. במובן זה, רק מחשבות ופעולות התומכות בהתפתחות הרוחנית שלנו יכולות להיקרא דְהַרְמַה.

פעולות המתבצעות בזמן הנכון, עם הגישה הנכונה ובדרך הנכונה הן דהרמיות. האופן הזה של הפעולה הנכונה יכולה לעזור בתהליך של טיהור מנטאלי. אתה יכול להיות איש עסקים או נהג מונית, קצב או פוליטיקאי; כל מקצוע שיהיה לך, אם אתה מבצע את העבודה שלך כ*דְהַרְמַה* שלך, כאמצעי ל*מוֹקְשָה* [שחרור], אז פעולותיך הופכות למקודשות. זהו האופן שבו *הגוֹפִּיוֹת (gopis)* [נשותיהם של רועי הפרות] של *וְרִינְדָאוַן*, שהרוויחו את לחמן במכירת חלב וחמאה, הפכו קרובות כל כך לאלוהים ולבסוף השיגו את מטרת החיים.

אהבה ואהבה

שואל: אָמַה, מהו ההבדל בין אהבה ואהבה?

אָמַה: ההבדל בין אהבה ואהבה הוא ההבדל בין בני אנוש ואלוהים. אהבה הנה טבעה של האלוהות, ואהבה הנה טבעם של בני האנוש.

שואל: אבל אהבה הנה טבעם האמיתי של בני האנוש גם כן, הלא כן?

אָמַה: כן, אם האדם הפנים את האמת הזאת.

תודעה וערנות

שואל: אָמַה, מהו אלוהים?

אָמַה: אלוהים זה תודעה טהורה, אלוהים זה ערנות טהורה.

שואל: האם תודעה וערנות הן אותו דבר?

אָמַה: כן, הן זהות. ככל שאתה ער יותר כך אתה יותר מודע, ונהפוך הוא.

שואל: אָמַה, מהו ההבדל בין חומר לתודעה?

אָמַה: האחד הוא החוץ והשני הוא הפנים. החיצוני הוא חומר והפנימי הוא תודעה. החיצון הוא משתנה, והפנים הוא האַטְמָאן [עצמי] השוכן בפנים ושאינו משתנה.

זוהי נוכחותו של האַטְמָאן המקנה חיים ומאירה את הכל. האַטְמָאן זוהר בפני עצמו, בעוד שחומר איננו כך. ללא תודעה, חומר נותר לא ידוע. עם זאת, מהרגע שבו תתעלה מעבר לכל ההבדלים, תראה הכל כהתפשטות של תודעה טהורה.

שואל: "מעבר לכל ההבדלים", "הכל כהתפשטות של תודעה טהורה"- אָמַה, את תמיד משתמשת בכאלה דוגמאות יפות. את יכולה לתת דוגמה אחת לכך כדי להבהיר את הנקודה?

אָמַה: (מחייכת) אלפי דוגמאות יפות כאלו לא יפסיקו את המיינד מלשאול את אותן שאלות. רק חוויה טהורה תנקה את כל הספקות. עם זאת, אם האינטלקט מקבל קצת יותר סיפוק מלקבל דוגמה, אָמַה איננה מתנגדת.

זה כמו להיות בתוך יער. כשאתה ביער, את רואה את כל סוגי העצים השונים, הצמחים והמטפסים בכל המגוון שלהם. אבל כשאתה יוצא אל מחוץ ליער ומתחיל להתרחק ממנו, במבט לאחור, כל הסוגים השונים של עצים וצמחים נעלמים באופן הדרגתי, עד שלבסוף אתה רואה יער אחד. באותו אופן, בעוד אתה מתעלה על המיינד, המגבלות שלו בצורת רצונות קטנוניים וכל ההבדלים הנוצרים מתחושות של "אני" ו"אתה" יעלמו. אז תתחיל לחוות כל דבר כעצמי האחד והיחיד.

תודעה תמיד קיימת

שואל: אם תודעה תמיד קיימת, האם ישנה הוכחה משכנעת לקיום שלה?

אָמַה: הקיום שלך היא ההוכחה המשכנעת ביותר לתודעה. האם אתה יכול להכחיש את עצם קיומך? לא, מכיוון שגם ההכחשה שלך היא הוכחה שאתה קיים, לא כך? נניח שמישהו שואל: "היי, אתה פה?" אתה עונה: "לא, אני לא". אפילו התשובה השלילית הופכת להוכחה ברורה שאתה בהחלט שם. אתה לא צריך להכריז זאת. רק תדחה את זה וזה מוכח. כך שאַטְמָאן [עצמי] אינו יכול אפילו להיות מוטל בספק.

שואל: אם כך, מדוע קשה כל כך להגיע לחוויה?

אָמַה: אפשר לחוות את "זה אשר קיים" רק כשאנו מודעים אליו. אחרת הוא נשאר נסתר מפנינו, אף כי הוא קיים. בפשטות, האמת של מה קיים היתה נסתרת מפנינו. כוח המשיכה היה קיים לפני שהוא התגלה. אבן שנזרקה לכיוון מעלה תמיד נאלצה שוב ליפול. באותו אופן, תודעה תמיד קיימת בתוכנו, עכשיו, ברגע

זה, אך ייתכן שאנו לא מודעים לה. למעשה, רק ההווה הוא אמיתי. אך על מנת לחוות זאת, אנו זקוקים לראייה חדשה, עין חדשה ואפילו גוף חדש.

שואל: "גוף חדש"? למה את מתכוונת?

אָמַה: אין זה אומר שהגוף שיש לך יעלם. הוא יראה אותו דבר אך יעבור שינוי עדין, טרנספורמציה. מכיוון שרק אז הוא יוכל להכיל את התודעה המתפשטת באופן תמידי.

שואל: למה את מתכוונת ב'תודעה מתפשטת'? האוּפַּנִישָׁד (כתבים הודים) מצביעים על כך שהמוחלט הנו פּוּרְנָאם [מלא תמיד]. האוּפַּנִישָׁד אומרת, "פּוּרְנַמֵדָה פּוּרְנַמִידָם" ["זהו השלם, השלם הוא זה"], אז אני לא מבין איך תודעה המושלמת מלכתחילה יכולה לגדול?

אָמַה: זה בהחלט נכון. למרות זאת, במישור האינדיבידואלי או הפיזי, השואף לרוחניות עובר חוויה של התרחבות התודעה. השָׁאקְטִי [אנרגיה אלוהית] השלם, כמובן, אינו משתנה. למרות שמנקודת המבט הוֶדַנְטִית [השייכת לפילוסופיה ההודית של אי שְׁנִיוּת] אין מסע רוחני, עבור האינדיבידואל ישנו כביכול מסע כזה לקראת מצב של שלמות. ברגע שאתה משיג את המטרה, אתה גם תבחין שהתהליך כולו, כולל המסע, לא היה אמיתי מכיוון שתמיד היית שם, במצב הזה, אף פעם לא נפרדת ממנו. עד שאותה הבחנה סופית תתרחש, ישנה התרחבות של המודעות והערנות, התלויה בהתקדמות של הסָאדְהַק [המחפש הרוחני].

לדוגמה, מה קורה כאשר אתה שואב מים מבאר? הבאר מיד מתמלאת במים מהנביעה תחתיה. המעיין ימשיך למלא את הבאר. ככל שתשאב יותר מים, כך יגיעו יותר מים מהמעיין. כך שאתה יכול להגיד, שכמות המים בבאר ממשיכה לגדול. אך המעיין הוא מקור בלתי נדלה. הבאר מלאה והיא נשארת מלאה מכיוון שהיא תמיד מחוברת למעיין. הבאר ממשיכה להיות מושלמת, היא ממשיכה להתרחב.

שואל: (אחרי שתיקה של מחשבה) זה מאוד מוחשי, אבל עדיין נשמע מסובך.

אָמַה: כן, המיינד לא יוכל להבין את זה, אָמַה יודעת זאת. הכי קל הוא הכי קשה. הפשוט ביותר נשאר המורכב ביותר, ונראה שהקרוב ביותר הוא הרחוק ביותר. העניין ימשיך להיות חידה עבורך עד שתגלה את העצמי. זוהי הסיבה שהרִישִׁים [הנביאים הקדומים] תיארו את אַטְמָאן כ"רחוק יותר מהרחוק ביותר, וקרוב יותר מהקרוב ביותר".

ילדים, הגוף האנושי הוא כלי מאוד מוגבל. הוא אינו יכול להכיל את התודעה חסרת הגבולות. אך כמו הבאר, ברגע שאנו מחוברים למקור האינסופי של *שָׁאקְטִי*, המודעות שלנו תמשיך להתרחב בתוכנו. ברגע שמצב של *סַמָאדְהִי* [*שְׁהִיָּה* במצב הטבעי] מוחלט יושג, החיבור שבין הגוף והמיינד, בין אלוהים והעולם, יתחיל לתפקד בהרמוניה מושלמת. כך שאין גדילה, אין כלום. אתה נשאר אחד עם האוקיינוס האינסופי של המודעות.

ללא טענות

שואל: אָמַה, האם את מייחסת לעצמך משהו?

אָמַה: מייחסת מה?

שואל: שאת התגלמות האם-האלוהית או מאסטרית שהגיעה למלוא ההתגלות-העצמית וכדומה.

אָמַה: האם הנשיא או ראש ממשלה של מדינה כלשהי ממשיך להודיע: "אתם יודעים מי אני? אני הנשיא/ראש ממשלה." בכל מקום שהוא/היא הולכ/ת? לא. הם מה שהם. גם לטעון שאתה אָוָאטַר [אלוהים המתגלם בגוף אנושי] או שחָוִיתָ התגלות-עצמית, כרוך באגו. למעשה, אם מישהו טוען שהוא גלגול של נשמה, נשמה מושלמת, זה כשלעצמו מוכיח שהוא אינו.

למאסטרים מושלמים אין טענות שכאלה. הם תמיד נותנים דוגמה לעולם בכך שהם עֲנָוִים. זכור, התגלות-עצמית לא הופכת אותך למיוחד, היא הופכת אותך לצנוע.

כדי לטעון שאתה משהו, אתה לא צריך לחוות התגלות-עצמית או להיות בעל כישורים מיוחדים. הדבר היחיד שצריך להיות לך הוא אגו גדול, גאוות שווא. וזה מה שלמאסטר מושלם אין.

חשיבות הגורו בדרך הרוחנית

שואל: למה נותנים לגורו חשיבות כה רבה בדרך הרוחנית?

אָמַה: קדימה, תגיד לאָמַה, האם ישנה דרך או עבודה שאתה יכול ללמוד ללא עזרתו של מורה או מדריך? אם אתה רוצה ללמוד לנהוג, אתה צריך ללמוד מנהג מנוסה. ילד צריך שילמדו אותו איך לשרוך את השרוכים שלו. ואיך אתה יכול ללמוד מתמטיקה ללא מורה? אפילו כייס צריך מורה כדי ללמוד את אומנות הגניבה. אם מורים הם חיוניים בחיים הרגילים, האם לא נזדקק למורה לדרך הרוחנית, שהיא מעודנת כל כך?

אם אתה רוצה ללכת למקום מרוחק, ייתכן ותרצה לקנות מפה. אבל לא משנה כמה תלמד טוב את המפה, אם אתה הולך לבקר בארץ זרה לגמרי, מקום לא מוכר, אתה לא תדע כלום על המקום הזה עד שממש תגיע לשם. גם המפה לא תגיד

לך הרבה על המסע עצמו, על העליות והמורדות של השביל, הסכנות האפשריות בדרך. לכן עדיף לקבל הדרכה ממישהו אשר השלים את המסע, מישהו שיודע את הדרך מהניסיון שלו או שלה.

מה אתה יודע על הדרך הרוחנית? זהו עולם ודרך לגמרי לא מוכרים. ייתכן שאספת איזשהו מידע מספרים ואנשים, אבל כשזה מגיע לעשייה, לחלק של החוויה, הַכְוָונָה של סָאטְגוּרוּ [מאסטר אמיתי] היא לגמרי הכרחית.

המגע המרפא של אָמָּה

יום אחד, המְתָאֵם בסבב האירופי של אָמָּה הביא בפני אָמָּה אישה צעירה. האישה בכתה מאוד. "יש לה סיפור מאוד עצוב לספר לאָמָּה", הוא אמר לי. כשדמעות זולגות על פניה, האישה סיפרה לאָמָּה שאביה עזב את הבית כשהיתה רק בת חמש. כילדה קטנה היא נהגה לשאול את אִימהּ היכן הוא נמצא, אך לאמא שלה לא היה אף פעם משהו טוב להגיד על אביה של הילדה, מכיוון שמערכת היחסים שלהם היתה קשה מאוד. עם חלוף השנים, הסקרנות של האישה הצעירה דעכה בהדרגה.

לפני שנתיים, כלומר עשרים שנה לאחר היעלמותו של אביה, אמא של של האישה הצעירה נפטרה. בעודה עוברת על רכושה של אמא שלה, היא נדהמה למצוא את כתובתו של אביה באחד מהיומנים הישנים. במהרה היא הצליחה להשיג את מספר הטלפון שלו. היא לא יכלה להכיל את ההתרגשות שלה והתקשרה אליו מיד. השמחה של האב והבת היו ללא גבולות, ואחרי שדיברו ארוכות בטלפון החליטו לפגוש אחד את השניה. הוא הסכים להגיע לכפר שבו היא גרה, והם החליטו על יום למפגש, אך הגורל היה אכזרי ביותר, לחלוטין חסר רחמים. בדרכו של האב לפגוש את בתו, הוא עבר תאונה שעלתה לו בחייו.

האישה הצעירה היתה הרוסה. הרשויות של בית החולים קראו לה לזהות את אביה, וגופתו ניתנה להשגחתה. תארו לעצמכם את מצבה הנפשי ההרוס של האישה הצעירה. היא חיכתה בציפייה אדירה לראות את אביה שלא ראתה עשרים שנה, ולבסוף כל מה שזכתה לראות היה את גופתו המתה! ועוד יותר נורא מכך, הרופאים סיפרו לאישה הצעירה שהתאונה התרחשה מכיוון שהאב לקה בהתקף-לב בזמן שנהג. ייתכן שזה קרה בגלל ההתרגשות לראות את בתו לאחר שנים כה רבות.

באותו בוקר, כשאָמָּה קיבלה את האישה הצעירה, הייתי עד לאחד הדָארְשָׁאנִים היפים והמרגשים ביותר שאי פעם ראיתי. בעוד האישה בוכה את נשמתה, אָמָּה ניגבה את דמעותיה שלה שזלגו מפניה. בעודה מחבקת ברכות את האישה, אָמָּה אחזה את ראשה בחיקה, ניגבה את דמעותיה, ליטפה ונישקה את פניה, ואמרה לה באהבה: "ביתי, ילדתי, אל תבכי!" אָמָּה גרמה לאישה להרגיש רגועה ומנוחמת. לא היתה כמעט שום תקשורת מילולית ביניהן. בעודי מתבונן בסצנה, פתוח כמה

שאני יכול להיות, למדתי שיעור חשוב נוסף על הריפוי של לב פצוע ועל האופן שבו זה קורה בנוכחותה של אָמַה. כשעזבה היה שינוי ניכר ונראה לעין באישה. היא נראתה רגועה ואחרי הקלה גדולה מאוד. כשקמה ללכת, היא הסתובבה אליי ואמרה, "עכשיו, כשפגשתי את אָמַה, אני מרגישה קלילה כמו פרח".

אָמַה משתמשת במעט מאוד מילים במהלך מקרים אינטנסיביים שכאלה, בעיקר כשמדובר בלהיות שותפה לכאב והעצב של אחרים. רק שתיקה בחיבור עם רגש עמוק יכולים לשקף את הכאב של האחר. כשמקרים כאלה מגיעים, אָמַה מדברת דרך עיניה, שותפה לכאב של ילדיה, ומבטאת את אהבתה העמוקה, את הדאגה שלה, את ההשתתפות והאכפתיות שלה.

כמו שאָמַה אומרת: "האגו אינו יכול לרפא אף אחד. לדבר פילוסופיה גבוהה בשפה מקושטת רק יבלבל אנשים. מצד שני, מבט או מגע של אדם ללא אגו יעלים בקלות את ענני הכאב והייאוש מהמיינד של אדם. זה מה שמוביל לריפוי."

כאב המוות

שואל: אָמַה, מדוע מקושר למוות כל-כך הרבה פחד וכאב?

אָמַה: יותר מדי היקשרות לגוף והעולם יוצר כאב ופחד מפני המוות. כמעט כולם מאמינים שמוות מהווה הפסקה מוחלטת של הקיום. אף-אחד לא רוצה לעזוב את העולם ולהיעלם אל השכחה. כשאנו מחזיקים בהיקשרות זו, תהליך ההיפרדות מהגוף ומהעולם יכול להיות מכאיב.

שואל: האם המוות יהיה נטול כל כאב אם נשתחרר מהיקשרות זו?

אָמַה: אם אדם מתעלה מעבר להיקשרות לגוף, לא רק שהמוות יהפוך להיות נטול כל כאב, הוא יהפוך להיות חוויה מבורכת. כך ניתן להישאר עדים למותו של הגוף. גישה המנותקת מהיקשרות זו הופכת את המוות לחוויה אחרת לגמרי.

רוב האנשים מתים בתחושה נוראה של אכזבה ותסכול. אכולים צער עמוק, הם מעבירים את ימיהם האחרונים בחרדה, כאב וייאוש מוחלט. למה? משום שהם מעולם לא למדו להרפות ולשחרר עצמם מהחלומות, התשוקות וההתקשרויות חסרות המשמעות שלהם. הגיל המבוגר, ובמיוחד ימיהם האחרונים של אנשים כאלו, יהפכו גרועים יותר מגיהנום. לכן תבונה היא כה חשובה.

שואל: האם התבונה מתעצמת ככל שהאדם מתבגר?

אָמַה: זו האמונה הרווחת. כאשר רואים וחווים הכל בזמן שעוברים דרך שלבי החיים השונים, התבונה אמורה לגדול. עם זאת, לא כל-כך פשוט להשיג רמה כזו של תבונה, במיוחד בעולמנו היום, בו אנשים הפכו להיות כה מרוכזים בעצמם.

שואל: מהי התכונה הבסיסית שעל אדם לפתח על-מנת להשיג תבונה כזו?

אָמַה: חיים של הרהורים עמוקים ומדיטציה. אלו נותנים לנו את היכולת לרדת לעומקן של ההתנסויות השונות בחיים.

שואל: אָמַה, מאחר ומרבית האנשים בעולמנו אינם חיים חיים כאלו מטבעם, האם זה באמת בר-ביצוע עבורם?

אָמַה: זה תלוי במידת החשיבות שכל אחד מייחס לכך. זכרו, היו זמנים בהם הרהור עמוק ומדיטציה היו חלק מובנה מהחיים. זו הסיבה מדוע כה הרבה הושג אז, אפילו שהמדע והטכנולוגיה לא היו מפותחים כפי שהם היום. הממצאים מאותם ימים ממשיכים להוות בסיס למעשינו בזמנים המודרניים. בעולמנו היום, פעמים רבות הדברים החשובים ביותר אינם מקובלים ומוכרזים כ"לא מעשיים". זהו אחד ממאפייני הקָאלִי יוּגָה, עידן החשיכה החומרית. קל להעיר אדם יָשֵׁן, אך קשה להעיר אדם המתחזה ליָשֵׁן. האם יש תועלת כלשהי בהחזקת מראה בפני אדם עיוור? בעידן זה אנשים מעדיפים להשאיר את עיניהם עצומות בפני האמת.

שואל: אָמַה, מהי תבונה אמיתית?

אָמַה: כל מה שעוזר להפוך את החיים לפשוטים ויפים הוא תבונה אמיתית. זוהי ההבנה הנכונה שאדם משיג באמצעות הבחנה תקינה. כאשר איכות זו באמת טמונה באדם, היא תשתקף במחשבותיו ובמעשיו.

האנושות כעת

שואל: מהו מצבה הרוחני של האנושות כעת?

אָמָה: באופן כללי, ישנה התעוררות רוחנית עצומה ברחבי העולם. אנשים בהחלט הופכים יותר ויותר מודעים לצורך בדרך חיים רוחנית. למרות שהם אינם מקשרים זאת ישירות לרוחניות, פילוסופיית העידן החדש, יוגה ומדיטציה צוברות פופולריות רבה יותר מאי פעם במדינות המערביות. תרגול יוגה ומדיטציה הפך לאופנתי במדינות רבות, בייחוד בקרב השכבות הגבוהות בחברה. הרעיון הבסיסי של חיים בהרמוניה עם הטבע ועם עקרונות רוחניים מתקבל אפילו על-ידי אתאיסטים. צימאון פנימי ותחושת דחיפות להשיג שינוי נמצאים בכל מקום. זהו ללא ספק סימן חיובי.

יחד עם זאת, מן הצד השני, השפעתם של החומריות והתענוגות החומריים גם הם מתגברים ללא שליטה. אם המצב יימשך כך, יגרם חוסר איזון חמור. כאשר מדובר בתענוגות חומריים, לאנשים יכולת הבחנה נמוכה וגישתם נוטה להיות לא חכמה והרסנית.

שואל: האם יש משהו חדש או מיוחד בעידן הזה?

אָמָה: כל רגע הינו מיוחד. אולם, עידן זה הינו מיוחד מפני שכמעט הגענו לפסגה חדשה בקיום האנושי.

שואל: באמת? מהי פסגה זו?

אָמָה: פסגת האגו, החשיכה והאנוכיות.

שואל: אָמָה, בבקשה תרחיבי מעט יותר בנוגע לזה?

אָמָה: לפי הרִישִׁים Rishis [הנביאים הקדומים], ישנם ארבעה עידנים: סָאטְיַה יוגה Satyayuga, טְרֵטָה יוּגָה Tretayuga, דְוַואפַּרָה יוּגָה Dwaparayuga וקָאלִי

יוּגָה Kaliyuga. כרגע אנו בקָאלִי יוּגָה, העידן החשוך של החומריות. עידן סָאטְיַה יוגה המגיע ראשון, הינו זמן בו מתקיימות רק כנות ואמת. לאחר שעברה דרך שני העידנים הבאים, האנושות הגיעה כעת לקָאלִי יוּגָה, העידן האחרון, אמור להסתיים במעבר לעידן סָאטְיַה יוגה נוסף. אבל, כאשר נכנסנו, עברנו דרך ויצאנו מעידני טְרֵטָה יוּגָה והדְוַואפַּרָה יוּגָה, איבדנו ערכים יפים רבים, כמו אמת, חמלה, אהבה וכו'. עידן הכנות והאמת הָיָה שיא. עידני הטְרֵטָה יוּגָה והדְוַואפַּרָה יוּגָה הִיוּ את האמצע, כאשר עדיין שימרנו מעט מהיושר והאמת. כעת הגענו לשיא נוסף, שיא של היעדר יושר ואמת. אך ורק שיעורים בענווה הם שיעזרו לאנושות להבחין בעלטה שכרגע סובבת אותה. זה מה שיכין אותנו לעליה אל האור והאמת. הבה נקווה ונתפלל שאנשים המשתייכים לכל הדתות והתרבויות בעולם ילמדו שיעור בענווה, שהוא הצורך של עידן זה.

קיצור דרך להתגשמות עצמית

שואל: בעולמנו היום, אנשים מחפשים קיצורי דרך על מנת להגיע להישגים מכל סוג. האם ישנו קיצור דרך להשגת התגשמות עצמית?

אָמַה: שאלה זו שואלת למעשה, "האם יש קיצור דרך כלשהו לעצמי?" התגשמות עצמית היא הנתיב לעצמי שלכם, כך שזה קל בדיוק כמו להדליק מתג של אור. אולם, עליכם לדעת על איזה מתג ללחוץ ואיך. מכיוון שמתג זה חבוי בתוככם לא תוכלו למצוא אותו בשום מקום מחוץ לכם. זהו המקום בו אתם זקוקים לעזרתו של מאסטר אלוהי. הדלת תמיד פתוחה. כל שעליכם לעשות הוא להכנס דרכה.

להתקדם מבחינה רוחנית

שואל: אָמַה, אני מתרגל מדיטציה במשך שנים רבות. עם זאת, אני מרגיש שאיני מתקדם באמת. האם אני עושה דבר מה שגוי? האם את סבורה שאני מיישם את התירגולים הרוחניים הנכונים?

אָמַה: לפני הכל, אָמַה מעוניינת לדעת מדוע אתה חושב שאינך מתקדם. מהו הקריטריון שלך להתקדמות רוחנית?

שואל: מעולם לא היו לי חזיונות כלשהם.

אָמַה: לאילו חזיונות אתה מצפה?

שואל: מעולם לא ראיתי אור כחול אלוהי.

אָמַה: מהיכן קיבלת את הרעיון לראות אור כחול אלוהי?

שואל: אחד מחבריי סיפר לי זאת. בנוסף, קראתי על-כך בספרים.

אָמַה: בני, אל תחזיק ברעיונות לא הכרחיים לגבי תרגוליך וצמיחתך הרוחנית. זהו עניין שגוי. רעיונותיך לגבי רוחניות עלולים להפוך מכשול בדרכך. תרגוליך הרוחניים הנם נכונים, אך גישתך שגויה. אתה ממתין לאור הכחול האלוהי שיופיע בפניך. הדבר המוזר הוא שכלל אין לך מושג מהו אור אלוהי ועדיין, אתה סבור שהוא כחול. מי יודע, יתכן והוא כבר הופיע בפניך, אך חיכית לאור כחול אלוהי מסוים. מה אם האלוהות החליטה להופיע באור אדום או ירוק? במקרה כזה, יתכן והחמצת אותה. היה אדם שסיפר לאָמַה כי הוא מחכה לאור ירוק שיופיע במדיטציות שלו. אָמַה אמרה לו להיזהר כאשר הוא נוהג, מכיוון שהוא עלול לעבור באורות אדומים בחושבו שהם ירוקים. מושגים כאלו לגבי רוחניות הנם ממש מסוכנים.

בני, לחוות שלווה בכל הנסיבות זו המטרה של כל התרגולים הרוחניים. כל דבר אחר – בין אם זה אור, צליל או צורה – יבוא ויעלם. אפילו אם יש לך חזיונות, הם

יהיו זמניים. החוויה הקבועה היחידה היא שלווה מוחלטת. שלווה זו וההתנסות באיזון של המיינד- הם הפירות האמיתיים של חיים רוחניים.

שואל: אָמַּה, האם לא טוב להשתוקק להתנסויות כאלה?

אָמַּה: אָמַּה לא תאמר שזה לא טוב. בכל זאת, אל תייחס להן יותר מדי חשיבות, מאחר וזה עלול לעכב את התפתחותך הרוחנית. אם הן מתרחשות, אַפְשֵׁר לכך לקרות. זוהי הגישה הנכונה.

בשלביה הראשונים של התפתחות רוחנית, לאדם המחפש אותה, יהיו תפיסות מוטעות ורעיונות מוטעים רבים לגבי רוחניות, בשל התלהבות רבה מדי ומודעות נמוכה. למשל, ישנם אנשים המשתגעים אחר השגת חזיונות של אלים ואלות. הרצון לראות צבעים שונים הוא פשוט סוג נוסף של השתוקקות. צלילים יפים מהווים משיכה לאנשים רבים. כמה אנשים מבזבזים את כל חייהם במרדף אחר סִידְהִיס siddhis [כוחות יוגים], ישנם גם אנשים המשתוקקים להשיג באופן מיידי סַמָאדְהִי [שהייה במצב הטבעי], ומוּקְשָׁה [שחרור]. אנשים שמעו גם כל-כך הרבה סיפורים על הפעלת הקוּנְדַלִינִי [האנרגיה הרוחנית השוכנת רדומה בבסיס עמוד השדרה] והתעוררותה של אנרגייה זו. אדם המחפש באמת התפתחות רוחנית לעולם לא יהיה אובססיבי כלפי רעיונות כאלו. רעיונות אלו יכולים להאט את התקדמותנו הרוחנית. לכן חשוב להחזיק בהבנה ברורה ובגישה בריאה ונבונה לחיינו הרוחניים כבר מההתחלה. האזנה ללא הבחנה לכל מי שטוען שהוא מאסטר וקריאת ספרים מבלי להיות בררניים מוסיפים לבלבול.

המיינד של ישות מוארת

שואל: מהו המיינד של ישות מוארת?

אָמַה: זהו מיינד ללא מיינד.

שואל: זה אין-מיינד?

אָמַה: זוהי התרחבות.

שואל: אבל גם אנשים אלו מתקשרים עם העולם. כיצד זה אפשרי בלי מיינד?

אָמַה: בוודאי שהם "משתמשים" במיינד שלהם כדי לתקשר עם העולם. אולם ישנו הבדל גדול בין המיינד האנושי הרגיל, המלא במחשבות שונות, לבין המיינד של מָהַאטְמָה. מהאטמות משתמשים במיינד, בעוד המיינד משתמש בנו. הם לא מחושבים, כי אם ספונטניים. ספונטניות היא טבעו של הלב. אדם המזוהה יתר על המידה עם המיינד לא יכול להיות ספונטני.

שואל: רוב האנשים החיים בעולם מזוהים עם המיינד. האם כוונתך שכל אותם אנשים מניפולטיביים מטבעם?

אָמָה: לא, ישנן הזדמנויות רבות בהן אנשים מזדהים עם הלב ורגשותיו החיוביים. כאשר אנשים אדיבים, חומלים ומתחשבים כלפי אחרים, הם שוכנים בלבם יותר מאשר במיינד. אך האם הם תמיד מסוגלים לנהוג כך? לא, לכן לעיתים קרובות יותר אנשים מזוהים עם המיינד. זו היתה כוונתה של אָמָה.

שואל: אם היכולת להישאר בחיבור מוחלט עם רגשותיו החיוביים של הלב נמצאת רדומה בכולם, מדוע אין זה קורה לעיתים קרובות יותר?

אָמָה: משום שבמצבכם הנוכחי המיינד חזק יותר. כדי להישאר מחוברים לרגשותיו החיוביים של הלב, עליכם לחזק את הקשר לדממת הלב הרוחני שלכם ולרופף את הקשר עם הפרעותיו של המיינד הרעשני שלכם.

שואל: מה מאפשר לאדם להיות ספונטני ופתוח?

אָמָה: פחות הפרעות מצד האגו.

שואל: מה קורה כאשר יש פחות הפרעות מצד האגו?

אָמָה: תשתלט עליכם כמיהה חזקה עמוק מבפנים. למרות שהכנתם את הקרקע לכך שזה יקרה, לא יהיה צעד מחושב או מאמץ כאשר זה יקרה. העשייה, או מה שזה לא יהיה, הופכת כל-כך יפה ומספקת. גם אנשים אחרים ימשכו מאוד למה שעשיתם בפעם זו. רגעים כאלה הם ביטוי גדול יותר של ליבכם. בזמן זה אתם קרובים יותר לאני האמיתי שלכם.

במציאות, רגעים כאלו מגיעים ממקום שהוא מעבר – מעבר למיינד ולאינטלקט. מתרחש לפתע חיבור עם האינסוף ואתה נוגע במקור של אנרגיה אוניברסלית. מאסטרים מושלמים שוכנים תמיד במצב זה של ספונטניות בנוסף, הם יוצרים מצב זה עבור אחרים.

המרחק בין אָמַה לבינינו

שואלת: אָמַה, מהו המרחק בינינו לבינך?

אָמַה: לא-כלום ואין סוף.

שואלת: לא-כלום ואין סוף?

אָמַה: כן, אין שום מרחק בינך לבין אָמַה, ובעת ובעונה אחת המרחק הוא גם אינסופי.

שואלת: זה נשמע כמו סתירה.

אָמַה: זה נשמע כמו סתירה בשל מגבלות המיינד. וזה ימשיך להיות כך עד שתגיעי לשלב הסופי של הארה. שום הסבר, אינטליגנטי או לוגי ככל שיהיה, לא יצליח להסיר את הסתירה הזאת.

שואלת: אני מבינה את מגבלות המיינד שלי. ועדיין, אני לא מבינה מדוע זה חייב להיות כל כך פרדוקסלי ודו-משמעי. איך משהו יכול להיות לא-כלום ואין סוף באותו הזמן?

אָמַה: קודם כל, בתי, לא הבנת את מגבלות המיינד שלך. הבנה אמיתית של קוטנו של המיינד היא הבנה אמיתית את גודלו של אלוהים, את הנשגב. המיינד הוא מעמסה גדולה. ברגע שההבנה האמיתית הזאת תתעורר, תביני את חוסר הטעם של נשיאת המשא הכבד הזה הנקרא מיינד. אינך יכולה לשאת אותו יותר. הכרה זו עוזרת לך להפיל אותו.

בתי, כל עוד את נותרת חסרת ידע באשר לקדושה הפנימית, המרחק הוא אינסופי. עם זאת, ברגע שההארה עולה, מתקיימת גם ההכרה שמעולם לא היה מרחק.

שואלת: האינטלקט לא מסוגל להבין את כל התהליך.

41

אָמַה: בתי, זה סימן טוב. לפחות את מסכימה שמבחינת האינטלקט בלתי אפשרי להבין את מה שמכונה התהליך.

שואלת: האם זה אומר שאין תהליך שכזה?

אָמַה: בדיוק. למשל, אדם נולד עיוור. האם יש לו ידע כלשהו על אור? לא, האיש המסכן מכיר רק את החשיכה, עולם שונה לחלוטין בהשוואה לאלה שבורכו ביכולת ראייה. הרופא אומר לו: "ראה, אפשר לשקם את יכולת הראייה שלך, אם תעבור ניתוח. יש צורך בתיקון מסויים." אם האדם בוחר לעבור ניתוח כפי שמציע הרופא, החושך יעלם בקרוב והאור יופיע, נכון? מאיפה האור הזה מגיע, מבחוץ? לא, הרואה תמיד חיכה בתוך האדם. באותה מידה, כשאת מתקנת את הראיה הפנימית שלך באמצעות תרגולים רוחניים, האור שכבר מחכה, של הידע הטהור, יתעורר מבפנים.

דרכיה של אָמַה

דרכיה של אָמַה הן ייחודיות. השיעורים מגיעים באופן בלתי צפוי, ותמיד יש בהם טעם יוצא דופן. במהלך דָארְשָׁן הבוקר, אחת המשתתפות הביאה איתה אשה שלא נרשמה לרטריט. שמתי לב לאורחת והודעתי לאָמַה, אבל היא התעלמה ממני לחלוטין והמשיכה בשלה.

חשבתי "זה בסדר. אָמַה עסוקה. ובכל זאת אני אשים עין על האורחת." וכך במשך הדקות הבאות למרות שהשירות העיקרי שלי היה לתרגם את השאלות לאָמַה, בחרתי כשירות-משנה לעקוב מקרוב אחרי כל תנועה של האורחת הלא רשומה. היא נשארה צמודה למשתתפת שהביאה אותה, והמשכתי לעקוב אחרי כל תנועה שלהן. בעת ובעונה אחת דיווחתי לאָמַה על התנועות שלהן. למרות שאָמַה לא הקשיבה לי,הרגשתי שזאת חובתי להמשיך.

ברגע ששתיהן הצטרפו לתור של המשתתפים בעלי הצרכים המיוחדים, סיפרתי על כך בהתלהבות לאָמַה. ובכל זאת אָמַה המשיכה בדָארְשָׁאן.

בינתיים, שני משתתפים נוספים הצטרפו אלי. בהצביעם על "המסתננת" אחד מהם אמר: "רואים את הגברת הזאת? היא מוזרה. שמעתי אותה מדברת. היא מאד שלילית. לא נראה לי שחכם להרשות לה להמשיך להישאר באולם."

המשתתף האחר אמר ברצינות: "בואו נשאל את אָמַה מה לעשות איתה – אולי נסלק אותה?"

אחרי מאמצים רבים הצלחתי להשיג את תשומת לבה של אָמַה. סוף כל סוף היא הרימה את מבטה ושאלה: "איפה היא".

שלושתנו שמחנו, חשבנו – לפחות אני חשבתי – שאָמַה מיד תאמר את שלושת המילים להן חיכינו בקוצר רוח: "תעיפו אותה מפה."

כשאָמַה שאלה "איפה היא" שלושתנו הצבענו על המקום בו ישבה. אָמַה הביטה בה. עכשיו חיכינו לפסק הדין. אָמַה פנתה אלינו ואמרה: "תקראו לה." כמעט נפלנו זה על זה מרוב להט לבצע את בקשתה.

ברגע שהגברת התקרבה לכסא הדַארְשָׁאן, אָמַה הושיטה את ידיה ובחיוך נעים אמרה "בואי, בתי." הזרה נפלה באופן ספונטני לזרועותיה של אָמַה. בעודנו מביטים, לאשה היה את אחד הדַארְשָׁאנִים היפים ביותר. אָמַה הניחה את האשה בעדינות על כתפה, וליטפה ברכות את גבה. ואז, בעודה מחזיקה את פניה של האישה בידיה, אָמַה הביטה עמוק אל תוך עיניה. דמעות זלגו במורד לחייה של האשה, ואָמַה בחמלה ניגבה אותן בידיה.

ה"קולגות" שלי ואני לא הצלחנו לשלוט בדמעותינו, ואני נעמדתי מאחורי כסא הדַארְשָׁן במצב רוח מרוכך לחלוטין.

ברגע שהאישה עזבה אָמַה הביטה בי בחיוך על פניה ואמרה :"בזבזת כל כך הרבה אנרגיה הבוקר."

המום, הבטתי בדמות הקטנה של אָמַה בעודה ממשיכה להמטיר על ילדיה ברכות ואושר עילאי. למרות שלא יכולתי להגיד מילה, נזכרתי באמירה יפהפיה של אָמַה באותו רגע: "אָמַה היא כמו נהר. היא פשוט זורמת. יש כאלה רוחצים בנהר, אחרים מרווים את צמאונם. יש את אלה הבאים לשחות ולהנות מהמים. ועדיין יש גם את אלה שיורקים פנימה. מה שלא קורה, הנהר מקבל הכל וממשיך בזרימתו הטבעית, מחבק את כל מה שבא אל קרבו."

וכך חוויתי רגע מדהים נוסף בנוכחותה של אָמַה, המורה העילאית.

אין אמת חדשה

שואל: אָמַה, את חושבת שהאנושות זקוקה לאמת חדשה כדי להתעורר?

אָמַה: האנושות לא זקוקה לאמת חדשה. יש צורך לראות את האמת שכבר קיימת. יש רק אמת אחת. האמת הזאת תמיד זוהרת בתוכנו. האמת האחת והיחידה הזאת לא יכולה להיות חדשה, וגם לא ישנה. היא תמיד אותה אמת, בלתי משתנה, חדשה תמיד. הבקשה לאמת חדשה היא כמו תלמיד בית ספר יסודי שמבקש מהמורה: "לימדת אותנו ששתיים ועוד שתיים הם ארבע כבר זמן רב. זה כבר התיישן. אולי תגידי משהו חדש, כמו שהתשובה היא חמש, במקום להגיד ארבע כל הזמן?" אי אפשר לשנות את האמת. היא תמיד היתה שם ותמיד היתה אותה אמת.

באֶלף החדש נראה התעוררות רוחנית רבה במזרח ובמערב. זה אכן הצורך של התקופה. הצטברות גדֵלה של ידע מדעי חייבת להוביל אותנו לאלוהים.

אמת

שואלת: אָמַה, מהי אמת?

אָמַה: אמת היא נצחית ובלתי משתנה.

שואלת: האם כנות היא אמת?

אָמַה: כנות היא תכונה, לא אמת כמציאות האולטימטיבית.

שואלת: האין תכונה זאת חלק מהאמת, כמציאות האולטימטיבית?

אָמַה: כן, בדיוק כפי שכל דבר הוא חלק מאמת, כמציאות האולטימטיבית, כנות היא גם חלק מאמת.

שואלת: אם כל דבר הוא חלק מהמציאות האולטימטיבית, אז לא רק תכונות טובות, אלא גם תכונות רעות הן חלק ממנה, לא?

אָמַּה: כן, בתי, אבל את עדיין על האדמה ועוד לא הגעת לגבהים שכאלה.

דמייני לעצמך שאת עומדת לטוס במטוס בפעם הראשונה. עד שלא תעלי על המטוס לא יהיה לך מושג מהי טיסה. תביטי סביבך ותראי אנשים. הם מדברים וצועקים. יש שם בניינים, ועצים, מכוניות שנוסעות, צלילי תינוקות בוכים ועוד. אחרי כמה זמן את תעלי על מטוס. אחרי ההמראה, המטוס מגביה עוף עוד ועוד. בנקודה הזאת, כשאת מביטה למטה, את רואה איך הכל הופך לקטן יותר ויותר, ובהדרגתיות הכל נעלם והופך לאחד. בסוף הכל נעלם, ואת מוקפת בחלל ענק.

בדיוק באותו אופן, ילדתי, את עדיין על האדמה ועוד לא עלית על הטיסה. את חייבת לקבל, להטמיע ולתרגל תכונות טובות, ולדחות את התכונות הרעות. ברגע שתגיעי לגבהים של הארה, תוכלי לחוות את הכל כאחד.

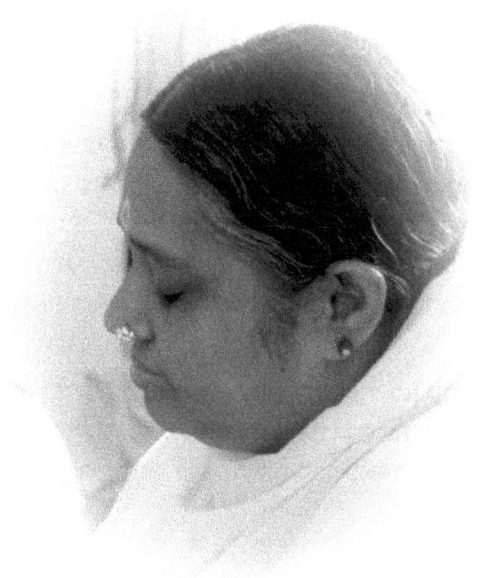

עצה בת שורה אחת

שואל: אָמַה, את יכולה לתת לי עצה בת שורה אחת, שתסייע לשקט הנפשי שלי?

אָמַה: באופן קבוע או זמני?

שואל: קבוע, כמובן.

אָמַה: אם כן, מצא את עצמך [את האַטְמָאן].

שואל: זה קשה מדי להבנה.

אָמַה: בסדר, אז אהוב את הכל.

שואל: אלה שתי תשובות שונות?

אָמַה: לא, רק המילים שונות. בבסיס, למצוא את עצמך ולאהוב את כולם באופן שווה, זה אותו הדבר. הדברים תלוים זה בזה. (צוחקת) בני, זה כבר יותר ממשפט אחד.

שואל: סליחה, אָמַה, אני טיפש.

אָמַה: זה בסדר, אל תדאג. אבל אתה רוצה להמשיך?

שואל: כן, אָמַה. האם שלום, אהבה ואושר אמיתי מתפתחים עם סַדְהָאנַה [תרגול רוחני] שלנו, או שהם רק התוצאה הסופית?

אָמַה: גם וגם. עם זאת, רק כשאנחנו מגלים מחדש את העצמי הפנימי, המעגל יהיה שלם ונגיע לשלום מוחלט.

שאלה: למה את מתכוונת כשאת אומרת "המעגל"?

אָמַה: המעגל של הקיום הפנימי והחיצוני שלנו, מצב השלמות.

שאלה: אבל בכתובים נאמר שהוא כבר שלם, המעגל. אם כבר יש מעגל, אז מדוע יש צורך להשלים אותו?

אָמַה: כמובן, מדובר במעגל שלם. אך רוב בני האדם לא ערים לכך. מבחינתם, יש חלל שצריך להתמלא. בניסיון למלא את החלל הזה, בני האדם רצים סחור סחור בשם מגוון של צרכים, רצונות ותשוקות.

שואל: אָמַה, שמעתי שבמצב של מימוש עילאי אין מציאות פנימית ומציאות חיצונית.

אָמַה: אכן, אבל זו חוויה של אלה שכבר מעוגנים במצב הזה.

שואל: האם עוזרת הבנה של מצב זה באופן אינטלקטואלי?

אָמַה: עוזרת במה?

שואל: עוזרת לקבל הצצה למצב זה.

אָמַּה: לא, הבנה אינטלקטואלית רק תספק את האינטלקט. וגם סיפוק זה הוא זמני. אתה תחשוב שהבנת זאת אבל מיד יעלו ספקות ושוב שאלות. הבנתך מבוססת על מילים מוגבלות והסברים. הם לא יכולים להעניק לך את החוויה של הבלתי מוגבל.

שואל: אז מה היא הדרך הכי טובה?

אָמַּה: עבוד קשה עד שתגיע להתמסרות.

שואל: למה את מתכוונת "עבוד קשה"?

אָמַּה: אָמַּה מתכוונת לעשות טָאפָּאס [הקרבה למען מטרה נעלה/ משמעת עצמית מתמשכת] בסבלנות. רק אם תעשה טָאפָּאס תוכל להישאר בהווה.

שואל: טָאפָּאס זה לשבת רצוף ולעשות מדיטציה הרבה שעות?

אָמַּה: זה רק חלק מזה. לפעול בכל מעשה ומחשבה בדרך שתעזור לנו להתאחד עם אלוהים או העצמי, זה טָאפָּאס אמיתי.

שואל: מה זה בדיוק?

אָמַּה: זה כשחייך מוצעים למטרה של ידיעת האלוהים.

שואל: אני קצת מבולבל

אָמַּה: (מחייכת) אתה לא קצת. אתה מאוד מבולבל.

שואל: את צודקת. אבל למה?

אָמַּה: כי אתה יותר מדי חושב על רוחניות ועל מצב מעבר למיינד. הפסק לחשוב ונצל את האנרגיה שלך לעשות את מה שאתה יכול. זה יעניק לך את החוויה או לפחות הצצה למציאות הזאת.

הצורך בלוח זמנים

שואלת: אָמַה, את אומרת שאדם צריך לשמור על משמעת יומיומית, כמו למשל לוח זמנים, ולהתמיד עמה כמיטב יכולתו. אולם, אָמַה, אני אמא לתינוק קטן. מה אם ילדי בוכה כאשר אני עומדת לעשות מדיטציה?

אָמַה: זה מאוד פשוט. טפלי קודם כל בתינוק ואחר-כך תמדטי. אם את בוחרת למדוט מבלי להתייחס לתינוק, מה שיקרה הוא שתמדטי רק על התינוק, לא על העצמי שלך, או על אלוהים.

עבודה על-פי לוח זמנים בהחלט תהיה מועילה בתחילת הדרך. כמו-כן, על מחפש רוחני אמיתי לתרגל שליטה כל הזמן, ביום ובלילה. יש אנשים שרגילים לשתות קפה ברגע שהם מתעוררים. אם הם לא שותים את הקפה בזמן, הם מרגישים חוסר שקט רב. זה אף עלול לקלקל את כל היום שלהם ולגרום לעצירות וכאבי ראש. באופן דומה, מדיטציה, תפילה ודקלום מנטרה צריכים גם הם להיות חלק מובנה מחייו של מחפש רוחני. אם קורה שאתם מפספסים, אתם צריכים להיות מסוגלים להרגיש זאת בבירור. מתוך תחושה זאת, צריכה להתעורר הכמיהה לא להחמיצם אף-פעם.

מאמץ עצמי

שואל: אָמָה, ישנם אנשים האומרים כי מכיוון שטבענו האמיתי הוא האַטְמָאן [העצמי], אין צורך לבצע תרגולים רוחניים. הם אומרים "אני המודעות המוחלטת, אז מה הטעם בביצוע תרגולים רוחניים אם אני כבר דבר זה?". האם את חושבת שאנשים אלו אותנטיים?

אָמָה: אָמָה לא רוצה לומר האם אנשים אלו אותנטיים או שאינם אותנטיים. אבל, אָמָה מרגישה שאנשים אלו מעמידים פנים שהם כאלה, או שהם לחלוטין משלים את עצמם, או עצלים. אָמָה תוהה אם אנשים אלו יאמרו "אני לא צריך לשתות ולאכול מכיוון שאני לא הגוף שלי". נניח שהם יובאו לחדר אוכל בו מסודרות יפה כמה צלחות על השולחן, אך במקום בו היתה אמורה להיות ארוחה מפוארת יש רק חתיכת נייר עליה כתוב "אורז", על אחרת כתוב "ירקות מאודים", "פודינג

מתוק" וכן הלאה. האם אנשים אלו יהיו מוכנים לדמיין שאכלו לשובע ושהרעב שלהם בא לחלוטין על סיפוקו?

העץ הוא פוטנציאל הקיים בזרע. עם זאת, מה אם הזרע מרגיש באופן אגואיסטי "אני לא רוצה להשתחוות בפני אדמה זו. אני העץ שבזרע. אני לא צריך להיכנס מתחת לקרקע מלוכלכת זו". אם זו הגישה, הוא פשוט לא ינבוט, הנבט לא יצא החוצה והוא לעולם לא יהפוך לעץ המספק צל ופרי עבור אחרים. רק משום שהזרע חושב שהנו עץ, דבר לא יקרה. הוא ימשיך להיות זרע. אז הֱיוּ הזרע, אך היו גם מוכנים ליפול לאדמה ולהיכנס מתחת לקרקע. אז האדמה כבר תדאג לזרע.

חסד

שואל: אָמַה, האם חסד הינו הגורם המכריע האולטימטיבי?

אָמַה: חסד הוא הגורם המביא את התוצאה הנכונה בזמן הנכון ובפרופורציה הנכונה ביחס לפעולותיכם.

שואל: אפילו אם אתה מקדיש עצמך לחלוטין לעבודתך, התוצאה תהיה תלויה בכמה חסד יש לך?

אָמַה: מסירות הינה המרכיב החיוני ביותר. ככל שאתם מסורים יותר, כך אתה נשארים פתוחים יותר. ככל שאתם פתוחים יותר, אתם חווים יותר אהבה. ככל

שיש בכם יותר אהבה, אתם חווים יותר חסד. חסד הנו פתיחות. זהו החוזק הרוחני והחזון האינטואיטיבי שאתם יכולים לחוות בזמן שאתם מבצעים פעולה כלשהי.

כאשר אתם נשארים פתוחים למצב מסויים, אתם משחררים את האגו ודעות צרות-אופקים. זה הופך את המיינד שלכם לערוץ טוב יותר דרכו שָׁאקְטִי [אנרגיה אלוהית] יכולה לזרום. זרם זה של שָׁאקְטִי וביטויו דרך פעולותיכם, הוא חסד.

אדם יכול להיות זמר נפלא, אך בעודו מופיע על הבמה עליו לאפשר לשָׁאקְטִי של המוזיקה לזרום דרכו. זה מביא עמו חסד ומסייע להוביל את הקהל כולו.

שואל: היכן נמצא מקורו של החסד?

אָמַּה: מקורו האמיתי של החסד מצוי בפנים. אולם, כל זמן שאתם לא מבינים זאת ידמה כי הוא נשאר במקום כלשהו, הרחק מֵעֵבֶר.

שואל: מֵעֵבֶר?

אָמַּה: מֵעֵבֶר, משמעותו המקור, שאינו מוכר לכם במצבכם הרוחני הנוכחי. כאשר זמר שר מהלב, הוא או היא נמצאים בקשר עם האלוהות, עם אותו מֵעֵבֶר. מהיכן מגיעה מוזיקה מעוררת רגשות? אולי תאמרו מהגרון או מהלב, אך אם תסתכלו פנימה, האם תראו זאת? לא. לכן היא מגיעה מאותו מקום שהינו מֵעֵבֶר. אכן, אותו מקור זה אלוהות. כאשר ההבנה הסופית תתרחש, תמצאו מקור זה בתוככם.

סָאנְיָאס מעבר לסיווג

שואל: מהי המשמעות של להיות סָאנְיָאסין [פָּרוּשׁ/נזיר] אמיתי?

אָמַה: סָאנְיָאסין אמיתי הוא מי שהלך אל מעבר לכל המגבלות הנוצרות על-ידי המיינד. כרגע אנו מהופנטים על-ידי המיינד. במצב של סָאנְיָאס נהיה משוחררים לחלוטין מלפיתתו של היפנוט זה. נרגיש שאנו כאילו מתעוררים מחלום – כמו שיכור המתעורר משיכרות.

שואל: האם סָאנְיָאס זה גם השגת אלוהות?

אָמַה: אָמַה מעדיפה לנסח זאת כך: סָאנְיָאס הינו מצב בו אדם מסוגל לראות ולהוקיר את כל הבריאה כאלוהים.

שואל: האם ענווה הינה סימן לסָאנְיָאסִין אמיתי?

אָמַה: לא ניתן לסווג סָאנְיָאסים אמיתיים, הם מעבר לכך. אם אתם אומרים שאדם זה או אחר הוא פשוט וצנוע, עדיין ישנו "מישהו" המרגיש פשוט וצנוע. במצב של סָאנְיָאס, אותו "מישהו", שהינו האגו, נעלם. במצב רגיל, ענווה הנה ההיפוך של יהירות. אהבה הנה ההיפוך של שנאה. זאת, בעוד שסָאנְיָאסין אמיתי אינו עָנָו או יהיר – הוא אינו אהבה או שנאה. מי שהשיג סָאנְיָאס הינו מעל הכל. אין לו עוד דבר להשיג או להפסיד. כאשר אנו קוראים לסָאנְיָאסין אמיתי "עָנָו" אין הכוונה רק להיעדר יהירות, זה מציין גם היעדר האגו.

מישהו שאל מַהַאטְמָה "מי אתה?".

"אני אינני" הוא השיב.

"האם אתה אלוהים?".

"לא, אני לא".

"האם אתה קדוש או צדיק?".

"לא, אני לא".

"האם אתה אתאיסט?".

"לא, אני לא".

"אז מי אתה?".

"אני מה שאני. אני מודעות טהורה".

סָאנְיָאס הינו מצב של מודעות טהורה.

מחזה אלוהי באמצע השמיים

סצנה 1:

טיסת 'אייר אינדיה' לדובאי בדיוק המריאה. צוות האוויר מתכונן לחלוקת המשקאות הקלים. לפתע, כל הנוסעים - אחד אחד, קמים ממושביהם ומתקדמים בתהלוכה למחלקת העסקים. הדיילים המופתעים שאינם מבינים מה קורה מבקשים מכולם לחזור למושביהם. הם מגלים שזה לחלוטין לא יעיל ואז מפצירים בנוסעים לשתף פעולה עד שיסיימו לחלק את האוכל.

"אנחנו רוצים לקבל דַארְשַׁן מאָמַה!", צועקים הנוסעים. "אנו מבינים", משיבים הדיילים, "רק בבקשה היו סבלניים איתנו עד שנסיים את הגשת המזון והמשקאות".

הנוסעים לבסוף נעתרים לבקשת הדיילים וחוזרים למושביהם.

סצנה 2:

הגשת המזון והמשקאות הסתיימה כעת. הדייל והדיילת הופכים לאחראים הזמניים על התור לדַארְשַׁן של אָמַה, המתקדם בעצלתיים לעבר מושבה של אָמַה. בשל

ההתראה הקצרה לא ניתן היה לארגן אסימונים לתור של הדָארְשָׁן למרות זאת, הדיילים עושים עבודה טובה.

סצנה 3:

לאחר שקיבלו דָארְשָׁן מאָמַה, הנוסעים נראים עכשיו שמחים ורגועים. הם מתמקמים בחזרה במושביהם. כעת, כל אנשי הצוות, כולל הטייס וטייס המשנה, מתחילים להזדנב למעלה. כמובן גם הם חיכו לתורם. כל אחד מהם מקבל חיבוק אמהי. בנוסף, הם מקבלים גם את לחישותיה מלאות האהבה והחסד של אָמַה, חיוך קורן ובלתי נשכח ופְּרָאסַאד [מתנה המבורכת] על-ידי אָמַה.

סצנה 4:

אותו הדבר מתרחש בטיסה חזרה.

חמלה וסימפטיה

שואל: אָמַה, מהי חמלה אמיתית?

אָמַה: חמלה אמיתית היא היכולת לראות ולדעת מה יש מעבר. רק אלו שיש להם היכולת לראות מעבר, יכולים להציע עזרה אמיתית ולהביא להתרוממות רוח אצל אחרים.

שואל: מעבר למה?

אָמַה: מעבר לגוף ולמיינד, מעבר למראה החיצוני.

שואל: אז אָמַה, מה ההבדל בין סימפטיה לחמלה?

אָמַה: חמלה היא עזרה אמיתית שאתם מקבלים ממאסטר אמיתי. המאסטר רואה מעבר. זאת, בעוד שסימפטיה היא עזרה זמנית שאתם מקבלים מאנשים הסובבים אתכם. בנוסף, סימפטיה אינה יכולה לרדת מתחת לפני השטח וגם ללכת מעבר. חמלה היא הבנה נכונה עם ידע מעמיק לגבי המצב, האדם ומה שהוא באמת צריך. סימפטיה הינה שטחית יותר.

שואל: איך את מבחינה בין השתיים?

אָמַה: זה קשה. עם זאת, אָמַה תיתן לכם דוגמה. מקובל שמנתחים מנחים את מטופליהם לקום ולהתהלך ביום השני או השלישי, אפילו לאחר ניתוחים גדולים. אם המטופל נמנע מלעשות זאת, רופא טוב, שיודע מה יהיו ההשלכות, תמיד יכריח את המטופל לקום מהמיטה וללכת. בראותם את כאבו ומאבקו של המטופל, קרוביו עשויים לומר, "איזה רופא אכזר! מדוע הוא מכריח אותו ללכת, כאשר הוא לא רוצה בכך? זה יותר מדי".

בדוגמה זו גישתם של קרובי המשפחה יכולה להיקרא סימפטיה, בעוד גישתו של הרופא – חמלה. במקרה של מטופל זה, מי באמת עוזר לו – הרופא או קרובי המשפחה? אם הוא חושב, "הרופא הזה חסר תועלת. אחרי הכל, מי הוא שיתן הוראות? מה הוא יודע לגבי? אז אני אתן לו לדבר כמה שהוא רוצה; אני לא מתכוון להקשיב". גישה כזו לעולם לא תעזור למטופל.

שואל: האם סימפטיה יכולה להזיק לאדם?

אָמַה: אם אנו לא זהירים ואנו מציעים את הסימפטיה שלנו מבלי להבין את היבטיהם העדינים של מצב מסוים ושל המבנה המנטלי של האדם, זה עלול להזיק. זה מסוכן כאשר אנשים מייחסים יותר מדי חשיבות למילים המבטאות סימפטיה. זה אף עלול להפוך לאובססיה ולהרוס בהדרגה את יכולת ההבחנה של האנשים על-ידי בניית עולם קטן סגור כגולם סביבם. הם עשויים לחוש מנוחמים, אך הם עלולים לא להתאמץ לצאת מהמצב בו הם נמצאים. ללא הידע, הם עלולים לנוע יותר ויותר לתוך חשכה.

שואל: אָמַה, למה כוונתך ב"עולם קטן סגור כגולם"?

אָמַה: אָמַה מתכוונת לכך שתאבדו את יכולתכם להתבונן לעומק לתוך עצמכם, כדי לראות מה באמת קורה. אתם תייחסו חשיבות רבה מדי למילותיו של אדם אחר ותסמכו עליו באופן עיוור מבלי שתשתמשו כראוי ביכולת ההבחנה שלכם. סימפטיה היא אהבה שטחית ללא כל ידיעה על מקור הבעיה. זאת, בעוד שחמלה היא אהבה המבחינה במקור האמיתי לבעיה ומתמודדת איתו בהתאם.

אהבה אמיתית היא מצב
של חוסר פחד מוחלט

שואל: אָמַה, מהי אהבה אמיתית?

אָמַה: אהבה אמיתית היא מצב של חוסר פחד מוחלט. פחד הינו חלק מובנה במיינד. לכן, פחד ואהבה אמיתית לא יכולים לשכון יחד. ככל שעמקה של האהבה גדל, כך האינטנסיביות של הפחד פוחתת לאיטה.

פחד יכול להתקיים רק כאשר אתם מזדהים עם הגוף ועם המיינד. התעלות מעל החולשה שבפחד וחיים באהבה הינם אלוהות. ככל שיש בכם יותר אהבה, כך מתבטאת בתוככם יותר אלוהות. ככל שיש בכם פחות אהבה, יש בכם יותר פחד ואתם מתרחקים ממרכז החיים. אכן, חוסר פחד הוא אחת האיכויות הטובות ביותר של אוהב אמיתי.

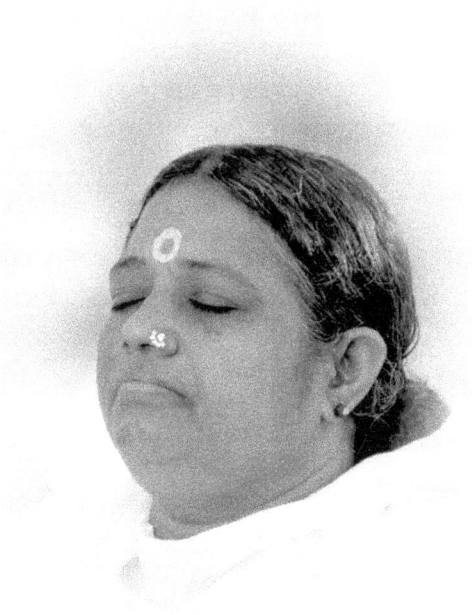

עשה ואל תעשה

שואל: אָמַה, טיפוח טוהר וערכים מוסריים נחשב למשמעותי בחיים רוחניים. אולם, ישנם אנשים המשמשים כגורו של העידן החדש הטוענים כי אין זה הכרחי. אָמַה, מהי דעתך בנושא?

אָמַה: זה בהחלט נכון שערכים מוסריים משחקים תפקיד חשוב בחיים הרוחניים. לכל נתיב שהוא, בין אם הוא רוחני ובין אם הוא חומרני, יש חוקֵי עשה ואל תעשה מסויימים. אם אין ממלאים אחרי חוקים אלו, יהיה קשה להשיג את התוצאות הרצויות. ככל שהתוצאה הסופית מעודנת יותר, כך החוויות בנתיב זה יהיו אינטנסיביות יותר. הגשמה רוחנית הנה המעודנת מכולן, לכן החוקים וההנחיות הנדרשים לה הנם קפדניים.

מטופל אינו יכול לשתות ולאכול כל מה שהוא רוצה. בהתאם למחלה, יהיו מגבלות על התזונה ועל התנועה שלו. אם הן לא ישמרו, זה עלול להשפיע על תהליך הריפוי. המצב עלול אף להחמיר אם המטופל לא נשמע להנחיות. האם זה יהיה חכם שהמטופל ישאל, "האם אני באמת צריך להישמע לחוקים ולהנחיות הללו?".

ישנם מוזיקאים המתאמנים 18 שעות ביום כדי להגיע לשלמות בנגינתם. לא משנה מהו תחום העניין שלכם – רוחניות, מדע, פוליטיקה, ספורט או אומנות – הצלחתכם והתקדמותכם בתחום תלויה אך ורק באופן בו אתם ניגשים אליו, בכמות הזמן שאתם מקדישים באמת להשגת מטרתכם ובמידה בה אתם מיישמים את העקרונות המהותיים הנדרשים.

שואל: לפיכך, האם טוהר הינו האיכות הבסיסית הנדרשת על-מנת להגיע למטרה?

אָמַּה: זה יכול להיות טוהר. זה יכול להיות אהבה, חמלה, מחילה, סבלנות או התמדה. פשוט בחרו איכות אחת ותרגלו אותה במלוא האמונה והאופטימיות; איכויות אחרות יגיעו מאליהן בעקבות כך. המטרה היא להתקדם מעבר למגבלות המיינד.

אָמַה, מתנה לעולם

שואל: אָמַה, מה את מצפה מתלמידיך?

אָמַה: אָמַה לא מצפה לדבר מאף אדם. אָמַה הציעה את עצמה לעולם. מרגע שאדם הופך למתנה, איך הוא יכול לצפות למשהו ממישהו? כל הציפיות נובעות מהאגו.

שואל: אבל אָמַה, את מדברת הרבה על כניעה בפני הגורו. האם אין זו ציפיה?

אָמַה: נכון, אָמַה מדברת על-כך, אך לא מפני שהיא מצפה לכניעה מצד תלמידיה, אלא משום שזו נקודה מכרעת בחיים רוחניים. הגורו מציע את כל מה שיש לו לתלמיד. כפי שסָאטְגוּרוּ [מאסטר מושלם] הינו נשמה בכניעה מוחלטת, זה מה שהוא מציע ומלמד את תלמידיו. זה קורה באופן ספונטני. בהתאם לבגרות ולמידת ההבנה של התלמידים, הם מקבלים או דוחים זאת. ללא קשר לגישתו של התלמיד, הסָאטְגוּרוּ ימשיך לתת. הוא לא יכול לעשות אחרת.

שואל: מה קורה כשתלמיד נכנע בפני סָאטְגוּרוּ?

אָמַה: כמו נר המודלק מהנר הראשי, התלמיד יהפוך גם הוא לאור המנחה את העולם. התלמיד הופך גם-הוא למאסטר.

שואל: מהו הדבר המסייע ביותר בתהליך זה: דמותו של הגורו או הוויתו חסרת הצורה?

אָמַה: שניהם. המודעות חסרת הצורה מעוררת השראה בתלמיד דרך דמותו של הסָאטְגוּרוּ, כאהבה טהורה, חמלה וכניעה.

שואל: האם התלמיד נכנע לדמותו של המאסטר או לתודעה חסרת הצורה?

אָמַה: זה מתחיל בכניעה לדמות הפיזית. אולם, זה מסתיים בכניעה לתודעה חסרת הצורה, כאשר התלמיד מכיר בעצמי האמיתי שלו עצמו. אפילו בשלביו הראשונים

של התרגול הרוחני כאשר התלמיד נכנע בפני דמותו של המאסטר, הוא למעשה נכנע לתודעה חסרת הצורה, רק שאינו מודע לכך.

שואל: מדוע?

אָמַה: מפני שתלמידים מכירים רק את הגוף; התודעה כלל אינה מוכרת להם. תלמיד אמיתי ימשיך לסגוד לדמותו של הגורו כביטוי להכרת תודה על החסד שהגורו מרעיף עליו או עליה ועל הוראת הדרך.

דמותו של הסָאטְגוּרוּ

שואל: האם תוכלי להסביר בדרך פשוטה את טבע דמותו הפיזית של הסָאטְגוּרוּ [מאסטר אמיתי]?

אָמַה: הסָאטְגוּרוּ הנו בו-זמנית דמות ולא דמות, כמו שוקולד. ברגע ששמים את השוקולד בפה הוא נמס והופך לחסר צורה; הוא הופך לחלק מאיתנו. באותו אופן, כאשר אתם באמת סופגים את תורתו של המאסטר והופכים אותה לחלק מחייכם, תבינו שהמאסטר הינו התודעה העליונה חסרת הצורה.

שואל: אז, אנחנו צריכים לאכול את אָמַה?

אָמַה: כן, אכלו את אָמַה אם אתם יכולים. היא בהחלט מוכנה להפוך לאוכל עבור נשמתכם.

שואל: אָמַה, תודה לך על הדוגמה של השוקולד. זה הפך את ההבנה לקלה מאוד, מכיוון שאני אוהב שוקולד.

אָמַה: (צוחקת) אבל אל תתאהב בכך, מפני שזה עלול להזיק לבריאותך.

תלמידים מושלמים

שואל: מה מרוויח אדם שהופך לתלמיד מושלם?

אָמַה: הוא הופך למאסטר מושלם.

שואל: כיצד את מתארת את עצמך?

אָמַה: בהחלט לא כ משהו.

שואל: אז איך?

אָמַה: כ-אין.

שואל: האם המשמעות היא הכל?

אָמַה: המשמעות היא שהיא תמיד נוכחת ונגישה לכולם.

שואל: האם משמעות "כולם" הינה - כל מי שמגיע אלייך?

אָמַה: "כולם" משמעותו כל מי שפתוח.

שואל: האם זה אומר שאָמַה אינה נגישה למי שאינו פתוח?

אָמַה: הנוכחות הפיזית של אָמַה נגישה לכולם, אם מקבלים אותה או לא. החווייה, לעומת זאת, נגישה רק לאלו שהינם פתוחים. הפרח ישנו, אך את יופיו וריחו יוכלו לחוות רק אלו שהם פתוחים. אדם שנחיריו סתומים אינו יכול לחוות זאת. בדומה לכך, לבבות סגורים אינם יכולים לחוות את מה שאָמַה מציעה.

וֶדָאנְטָה והבריאה

שואל: אָמַה, ישנן כמה תיאוריות סותרות לגבי הבריאה. אלו ההולכים בדרך הדּבֵקות אומרים כי אלוהים ברא את העולם, בעוד שֶׁוֶדָאנְטְנִים [אלו הדבקים בהשקפת האי-שניות] מחזיקים בדעה שכל דבר הינו יצירתו של המיינד ולכן, הכל נמצא שם כל עוד המיינד קיים. איזו השקפת עולם מבין אלו נכונה?

אָמַה: שתי השקפות העולם הן נכונות. בעוד שהדָּבֵק רואה את האל כיוצר העולם, אדם בעל תפיסה וֶדָאנְטִית רואה את הבְּרַהְמָן כעיקרון הבסיסי העומד מאחורי העולם המשתנה. עבור הוֶדָאנְטִינִי, העולם הינו השתקפות המיינד, בעוד שעבור הדָּבֵק העולם הוא לִילָה [משחק אלוהי] של האל האהוב שלו. שתי השקפות עולם אלה עשויות להיתפס שונות זו מזו לחלוטין, אך ככל שמעמיקים בדבר מוצאים שהן זהות בבסיסן.

שם וצורה קשורים למיינד. כאשר המיינד חדל מקיומו, גם השם והצורה נעלמים. העולם, או הבריאה, מכילים שמות וצורות. האל, או היוצר, הינם משמעותיים רק כל עוד הבריאה קיימת. אפילו לאל יש שם וצורה. כדי שעולם השמות והצורות יוכל להתגשם, דרוש שיתקיים במקביל גורם מניע – לגורם המניע הזה אנו קוראים אלוהים. וֶדָאנְטָה אמיתית הינה צורת הידע הגבוהה ביותר שיש. אָמַה לא מדברת על וֶדָאנְטָה בצורת כתבים מקראיים או על הוֶדָאנְטָה, שמי שנקראים 'וֶדָאנְטִנִים' מדברים עליה. אָמַה מדברת על וֶדָאנְטָה כחוויה נעלה, כדרך חיים, מיינד הנותר מאוזן בכל נסיבות החיים.

אלא שזה לא פשוט. אם לא יתרחש שינוי משמעותי, חוויה זו לא תיווצר. מה שהופך את המיינד לשקט, פתוח ועוצמתי, הוא שינוי מהפכני המתרחש ברמת האינטלקט והרגש. ככל שהמיינד הופך לשקט ופתוח יותר, כך הוא הופך ל"לא-מיינד". בהדרגה, המיינד נעלם. כאשר אין מיינד, היכן האל והיכן העולם או הבריאה? יחד עם זאת, מדברים אלו לא משתמע כי העולם יעלם מעיניכם, אלא שיתרחש שינוי ואתם תראו את ה-אחד בָּרַבִּים

שואל: האם משמעות הדבר היא שבמצב זה האֵל הינו אשליה?

אָמַה: כן, מנקודת המבט האולטימטיבית, אֵל בעל צורה הנו אשליה. אולם, זה תלוי בעומק החוויה הפנימית שלכם. אף על פי כן, גישתם של הוֶדָאנְטִנִים, שבאופן אגואיסטי חשים כי אפילו דמויותיהם של האלים והאלות הם חסרי חשיבות, אינה נכונה. זכרו, אגו לעולם לא יהיה לעזר בנתיב זה. אך ורק ענווה תעשה זאת.

שואל: את זה אני מבין. אבל אָמַה, את ציינת בנוסף כי מנקודת המבט האולטימטיבית, אל בעל צורה הנו אשליה. אז האם מה שאת אומרת הוא שהדמויות השונות של האלים והאלות הן למעשה השלכה של המיינד?

אָמַה: בסופו של דבר – כן. כל דבר שמתכלה אינו אמיתי. לכל הצורות, אפילו אלו של אלים ואלות, יש התחלה וסוף. מה שנולד ומת הינו מנטלי; הוא מקושר לתהליך החשיבה. כל דבר המקושר למיינד - סופו להשתנות, משום שהוא מתקיים בגבולות הזמן. האמת היחידה שאינה משתנה היא זו שתמיד נשארת ונמצאת מתחת למיינד ולאינטלקט. זהו האַטְמָאן [עצמי], מצב הקיום האולטימטיבי.

שואל: אם אפילו דמויותיהם של האלים והאלות אינן אמיתיות, מהו הטעם בבניית מקדשים ובסגידה להם?

אָמַה: לא, אינך מבין את הנקודה. אתה לא יכול לבטל בכזו קלות את האלים והאלות. עבור אנשים המזוהים עדיין עם המיינד, שטרם הגיעו למצב הגבוה ביותר, דמויות אלה בהחלט אמיתיות ומאוד חיוניות לשם התפתחותם הרוחנית. הן עוזרות להם בצורה ניכרת.

השלטון במדינה מורכב מכמה מחלקות ואגפים. יש נשיא או ראש הממשלה ולמטה ישנם כמה שרים, מתחתם יש המון פקידים ומחלקות שונות וכך, עד למשרתים ולמטאטאי הרחובות.

נניח שאתה רוצה לקדם משהו, אתה תלך ישירות לנשיא או לראש הממשלה, בהנחה שאתה מכיר אותם או שיש לך קשר אליהם. זה יהפוך את הדברים לקלים וחלקים הרבה יותר עבורך. הצורך שלך, לא משנה מהו, יטופל באופן מיידי. אך למרבית האנשים אין קשר ישיר או השפעה כזו. על-מנת לקדם דברים או כדי להגיע לרשויות הגבוהות, עליהם לדבוק במסלול הרגיל – פניה לאחד הפקידים הזוטרים או המחלקות הזוטרות, לעיתים אפילו למשרת. באופן דומה, כל זמן שאנו מתקיימים במימד הפיזי ומזדהים עם המיינד ועם תבניות החשיבה שלו, עלינו לקבל ולהכיר בצורות השונות של האלוהות, עד שאנו מבססים קשר ישיר עם המקור הפנימי של אנרגיה טהורה.

שואל: אך וֶדָאנְטְנִים בדרך-כלל אינם מסכימים עם דרך חשיבה זו.

אָמַה: על אלו וֶדָאנְטְנִים אתה מדבר? וֶדָאנְטִינִי שרק קורא ספרים וחוזר על הכתוב כמו תוכי מאולף או תקליט אולי לא יסכים עם כך, אך וֶדָאנְטִינִי אמיתי בהחלט יסכים. וֶדָאנְטִינִי שאינו מקבל את העולם ואת דרך הדבקות, אינו וֶדָאנְטִינִי אמיתי. קבלת העולם והכרה בריבוי, בו בזמן שמבחינים בָּאֱמֶת האחת בריבוי, זוהי וֶדָאנְטָה אמיתית.

וֶדָאנְטִינִי המחשיב את דרך האהבה לנְחוּתָה אינו וֶדָאנְטִינִי וגם אינו מחפש רוחני. וֶדָאנְטִינִים אמיתיים אינם מסוגלים לבצע את התרגול הרוחני שלהם ללא אהבה.

הצורה תוביל אותך לחוסר הצורה, בהנחה שאתה מבצע את התרגול הרוחני שלך בגישה הנכונה. סָאגוּנָה [צורה] הינה למעשה נִירְגוּנָה [חוסר צורה] גלוי. אם אדם אינו מבין עיקרון פשוט זה, מה הטעם שיקרא לעצמו וֶדָאנְטִינִי?

שואל: אָמַה, אמרת שהמאמין רואה את העולם כלִילָה [משחק] של האל. למה כוונתך ב לִילָה?

אָמַה: זוהי הגדרה בעלת מילה אחת לאי הִקָשְרוּת נעלה. המצב האולטימטיבי בו נשארים סָאקְשִי [עד/מתבונן מהצד] מבלי שמפעילים כל סוג של סמכות, נקרא לִילָה. כאשר אנו נשארים נפרדים לחלוטין מהמיינד והשלכותיו השונות, כיצד נוכל להרגיש הִקָשְרוּת או שליטה כלשהן? התבוננות בכל מה שקורה מבפנים ומבחוץ מבלי לחוש מעורבים הנה מהנה באמת, משחק יפהפה.

שואל: שמענו שהפסקת להתגלות כקרישנה בְּהָאוָה[1] Krishna Bhava [טבעו של קרישנה], משום שהיית במצב זה של לִילָה באותו זמן.

אָמַה: זו היתה אחת הסיבות. קרישנה נותר נפרד. הוא השתתף באופן פעיל בהכל אך נותר נפרד, מרחיק עצמו לחלוטין מבפנים מכל מה שקורה סביב לו. זו המשמעות של החיוך טוב-הלב, הנמצא תמיד על פניו היפים של קרישנה.

בעת הקרישנה בְּהָאוָה, למרות שאָמַה הקשיבה לבעיותיהם של המאמינים, יחסה אליהם היה תמיד מתוך אי הצמדות ועליזות. במצב זה לא היו אהבה או היעדר אהבה, לא חמלה או היעדר חמלה. לא באו לידי ביטוי הרגש האימהי וההיקשרות הנחוצים על-מנת להתייחס לרגשותיהם של הדבקים ולשם הבעת אכפתיות כנה. היה זה מצב של הִמָּצְאוּת מֵעֵבֶר (beyond-ness). אָמַה חשבה שמצב זה לא יעזור לדבקים. לכן, היא החליטה לאהוב ולשרת את ילדיה כאם.

1 *במקור, אָמַה התגלתה כקרישנה וכדווי (Devi), אך הפסיקה את ההזדהות עם קרישנה ב-1983.

"האם אתם שמחים?"

שואל: אָמַה, שמעתי שאת שואלת אנשים המגיעים לדָארְשָׁאן, "שמח? שמחה?". מדוע את שואלת אותם שאלה זו?

אָמַה: זו כמו הזמנה להיות שמחים. כאשר אתם שמחים, אתם פתוחים, ואז אהבתו של אלוהים – או השָׁאקְטִי [אנרגיה אלוהית] יכולה לזרום לתוככם. כך, למעשה, אָמַה אומרת לאותו אדם להיות שמח כדי שהשָׁאקְטִי תוכל להיכנס אליו או אליה. כאשר אתם שמחים, כאשר אתם פתוחים ומוכנים לקבל, יותר ויותר שמחה תהיה נגישה עבורכם. כאשר אינכם שמחים, אתם סגורים ואתם מאבדים את הכל. מי שפתוח הנו שמח. זה ימשוך את אלוהים לתוככם. כאשר אלוהים מעוגן בתוככם, אתם מסוגלים להיות רק שמחים.

דוגמה נהדרת

ביום בו הגענו לסנטה-פה טפטף גשם. "זה תמיד קורה בסנטה-פה. אחרי בצורת ארוכה, יורד גשם כאשר אָמָּה מגיעה", כך אמר המארח במרכז של אָמָּה בניו-מקסיקו. עד שהגענו לביתו של המארח היום כבר החשיך. אָמָּה יצאה באיטיות מהמכונית. ברגע שאָמָּה צעדה החוצה מהרכב, המארח הציע לה את הסנדלים שלה. לאחר-מכן הוא הלך לעבר חלקו הקדמי של הרכב, בציפיה להובילה לביתו.

אָמָּה צעדה מספר צעדים לעבר קדמת הרכב ואז, לפתע, הסתובבה לאחור ואמרה, "לא, אָמָּה לא רוצה ללכת לפני הרכב. אלו הם פניו של הרכב. זהו חוסר כבוד לנהוג כך. אָמָּה לא מרגישה שיהיה נכון לנהוג כך". באומרה זאת, אָמָּה צעדה מאחורי הרכב ומשם לבית. זו לא היתה הפעם היחידה בה אָמָּה נהגה כך. בכל פעם בה אָמָּה יוצאת ממכונית היא עושה זאת. אין דוגמה טובה יותר לכך שלבה של אָמָּה יוצא אל כל דבר – אפילו עצמים שאינם חיים.

מערכות יחסים

בזמן שאדם אחד קיבל דָארְשָׁאן הוא סובב את ראשו אלי ואמר, "בבקשה שאל את אָמָה אם אני יכול להפסיק עם יציאה לדייטים ועם רומנים".

אָמָה: (מחייכת בשובבות) מה קרה? האם החברה שלך ברחה עם מישהו?

שואל: (נראה מופתע למדי) איך ידעת זאת?

אָמָה: בפשטות – זהו אחד מהאירועים בחיים בהם יהיו לאדם מחשבות כאלו.

שואל: אָמָה, אני מקנא במערכת היחסים הנמשכת של חברתי עם החבר הקודם שלה.

אָמָה: האם זו הסיבה לרצונך להפסיק לצאת לדייטים ולהיכנס למערכת יחסים?

שואל: נמאס לי ואני מתוסכל ממצבים דומים בחיי. די, זה מספיק. עכשיו אני רוצה שקט ומעוניין להתרכז בתרגול הרוחני שלי.

אָמָה לא שאלה דבר מעבר לכך. היא המשיכה לתת דָארְשָׁן . אחרי זמן מה אותו אדם אמר לי, "אני תוהה אם יש לאָמָה איזו עצה בשבילי?".

אָמָה שמעה אותו מדבר איתי.

אָמָה: בני, אָמָה חשבה שכבר החלטת מה לעשות. האם לא אמרת שכבר נמאס לך מדברים כאלו? מעתה והלאה אתה רוצה לנהל חיים שקטים ולהתרכז בתרגוליך הרוחניים, הלא כן? זה נשמע כמו הפתרון הנכון, אז קדימה – עשה זאת.

אותו אדם היה שקט לזמן מה, אך נראה חסר מנוחה. אָמָה הציצה לעברו. דרך מבטה וחיוכה יכולתי לראות את המאסטרית הגדולה שבאָמָה מנענעת בחוזקה במטה העירבול האגדי שבידיה, כדי לעורר משהו ולהביאו אל פני השטח.

שואל: זה אומר שלאָמָה אין שום דבר לומר לי, נכון?

לפתע, האדם המסכן החל להתייפח.

אָמַה: (מנגבת את דמעותיו) קדימה, בני, מהי בעייתך האמיתית? הפתח וספר לאָמַה.

שואל: אָמַה, לפני שנה פגשתי אותה במהלך אחת מתוכניותיה של אָמַה. כאשר הסתכלנו זה לזו בעיניים ידענו שנועדנו להיות יחד. כך זה התחיל. וכעת, פתאום, החבר הקודם שלה נכנס בינינו. היא אומרת שהוא רק ידיד, אך ישנן סיטואציות בהן אני לגמרי מפקפק בדבריה.

אָמַה: מה גרם לך לחוש כך בזמן שהיא אמרה לך דבר אחר?

שואל: זו הסיטואציה: כעת אני וגם החבר לשעבר נמצאים פה על-מנת לקחת חלק בתוכנית של אָמַה. היא מבלה איתו זמן רב יותר מאשר איתי. אני מרגיש מאוד כעוס. אני לא יודע מה לעשות. אני מדוכא. נהיה לי קשה להישאר מרוכז באָמַה וזו היתה מטרת ביקורי פה. המדיטציות שלי אינן אינטנסיביות כבעבר ואני אפילו לא מסוגל לישון היטב.

אָמַה: (מתבדחת) אתה יודע מה? יתכן והוא מהלל אותה ואומר, "ראי, יקירתי, את האישה היפה ביותר בעולם. אני לא יכול אפילו לחשוב על אישה אחרת לאחר שפגשתי אותך". יתכן שהוא מבטא אהבה רבה יותר כלפיה, מאפשר לה לדבר הרבה, נשאר שקט גם במצבים בהם הוא מרגיש שמתגרים בו. בנוסף לכל זה, הוא בוודאי קונה לה הרבה שוקולד! בשונה מאיך שהיא מרגישה איתו, ההתרשמות שלה ממך יכולה להיות כשל בריון שתמיד נטפל אליה, רב איתה וכן הלאה.

בשומעם מילים אלו, אותו אדם והדְּבֵקִים שישבו ליד אָמַה, פרצו בצחוק מכל הלב. על כל פנים, הוא הודה בכנות מול אָמַה שהוא אכן היה, פחות או יותר, כפי שתיארה אותו.

אָמַה: (טופחת על גבו) האם אתה מרגיש הרבה כעס ואיבה כלפיה?

שואל: כן, כך אני מרגיש. אני מרגיש יותר כעס כלפיו. המיינד שלי הופך כל-כך נסער!

אָמַה הרגישה את כף ידו. היא היתה חמה מאוד.

אָמַה: היכן היא כעת?

שואל: במקום כלשהו כאן בסביבה.

אָמַה: (באנגלית) לך לדבר.

שואל: עכשיו?

אָמַה: (באנגלית) כן, עכשיו.

שואל: אני לא יודע היכן היא נמצאת.

אָמַה: (באנגלית) לך לחפש.

שואל: כן, אעשה זאת. אך עלי למצוא אותו קודם לכן, מכיוון ששם היא תמצא. בכל מקרה, אָמַה, אמרי לי כעת, האם עלי להמשיך או לסיים את מערכת היחסים? האם את חושבת שניתן לשקם את מערכת היחסים?

אָמַה: בני, אָמַה יודעת שאתה עדיין קשור אליה. הדבר החשוב ביותר הוא שתשכנע את עצמך שהרגש הזה שאתה קורא לו אהבה אינו אהבה, אלא היקשרות. שכנוע זה בלבד הוא שיעזור לך לצאת מהמצב הנפשי הנסער שאתה נמצא בו עכשיו. בין אם תצליח או תיכשל לשקם את מערכת היחסים - אם אינך מסוגל להבדיל בבהירות בין אהבה לבין היקשרות, אתה תמשיך לסבול.

אָמַה תספר לך סיפור. פקיד בכיר ביקר פעם בבית משוגעים. הרופא לקח אותו לסיור. באחד מהתאים הוא מצא חולה שחוזר ואומר, "פומפום... פומפום... פומפום..." ומתנדנד הלוך ושוב על הכיסא". הפקיד ברר מהי הסיבה למחלתו של האיש ושאל את הרופא אם יש קשר כלשהו בין השם שהוא חוזר עליו לבין המחלה. הרופא השיב, "זה סיפור עצוב. פומפום היתה הנערה שהוא אהב. היא נטשה אותו וברחה עם אדם אחר. לאחר מכן, הוא השתגע".

"בחור מסכן", אמר הפקיד והתקדם הלאה. אולם, הוא התפלא לראות חולה נוסף יושב בתא הסמוך וחוזר ואומר, "פומפום... פומפום... פומפום..." בזמן שהוא חובט ללא הפסקה את ראשו בקיר. הפקיד המבולבל פנה לרופא ושאל, "מה זה? כיצד יתכן שגם החולה הזה חוזר על אותו השם? האם יש קשר בין הדברים?". "כן", ענה הרופא, "זהו האיש שבסוף נישא לפומפום".

האיש פרץ בצחוק.

אָמַה: ראה, בני, אהבה הנה כמו לבלוב של פרח. אינך יכול לכפות עליו להיפתח. אם תפתח בכוח פרח, יופיו וריחו יהרסו לגמרי ולא אתה או אף אחד אחר תרוויחו מכך. לעומת זאת, אם תרשה לפרח להיפתח לבד, באופן טבעי, אז תוכל לחוות

את הריח המתוק ואת עלי הכותרת הצבעוניים. אז, היה סבלני. התבונן בעצמך. הייה כְּמַרְאָה ונסה לראות היכן טעית וכיצד.

שואל: אני חושב שהקנאה והכעס שלי יגמרו רק אם אתחתן עם אלוהים.

אָמָה: כן, אתה אמרת זאת. הייה כלתו של אלוהים. רק איחוד עם האמת הרוחנית יאפשר לך להתקדם מעבר ולמצוא שקט ושמחה אמיתיים.

שואל: האם תעזרי לי בתהליך זה?

אָמָה: עזרתה של אָמָה תמיד נמצאת. אתה רק צריך לראות ולקחת אותה.

שואל: תודה רבה לך, אָמָה. כבר עכשיו עזרת לי.

מה עושה מאסטר אמיתי?

שואל: מה עושה סָאטְגוּרוּ [מאסטר אמיתי] עבור תלמידיו?

אָמַה: סָאטְגוּרוּ מסייע לתלמידיו לראות את חולשותיהם.

שואל: כיצד זה עוזר לתלמידים?

אָמַה: באמת לראות, משמעותו להבין ולקבל. ברגע שהתלמידים מקבלים את חולשותיהם, קל יותר להתגבר עליהן.

שואל: אָמַה, כאשר את אומרת "חולשות", האם את מתכוונת לאגו?

אָמַה: כעס הינו חולשה, קנאה הינה חולשה, איבה, אנוכיות ופחד הינם כולם חולשות. כן, המקור לכל החולשות הללו הינו האגו. המיינד, על כל מגבלותיו וחולשותיו, ידוע כאגו.

שואל: אז, למעשה, את אומרת שתפקידו של הסָאטְגוּרוּ הוא לעבוד על האגו של תלמידיו?

אָמַה: תפקידו של הסָאטְגוּרוּ הוא לעזור לתלמידים להבין את חוסר המשמעות של תופעה קטנת ערך הידועה כאגו. האגו הינו כמו להבה הבוערת בשמן שבמנורת חימר קטנה.

שואל: מדוע חשוב להיות מודעים לחוסר החשיבות של האגו?

אָמַה: מפני שאין שום דבר חדש או ראוי לציון באגו. כאשר זוהרה של השמש נגיש לנו, מדוע שמישהו ידאג בשל הלהבה הקטנה הזו שניתן לכבות בכל רגע?

שואל: אָמַה, האם תהיי מוכנה להרחיב מעט בנקודה זו?

אָמַה: אתה הנך השלם, האלוהות. בהשוואה לכך, האגו אינו אלא להבה קטנה. לכן, מצד אחד, הסָאטְגוּרוּ מסיר את האגו. אולם, מן הצד השני, הוא מעניק לך את השלם. ממעמד של קבצן, הסָאטְגוּרוּ מעלה אותך למעמד של שליט, שליטו של היקום. מאדם שרק מקבל, הסָאטְגוּרוּ הופך אותך לנותן, זה שנותן הכל לאלו הפונים אליך.

פעולותיו של מַהַאטְמָה

שואל: האם נכון שכל דבר שעושה מַהַאטְמָה ["נשמה דגולה"; אדם שהגיע להארה ומודע לחלוטין לאלוהים] הינו בעל משמעות?

אָמַה: נכון יותר לומר שבכל דבר שעושָׂה נשמה שמימשה את עצמה (נשמה מוארת) יש מסר אלוהי, מסר המעביר את העקרונות העמוקים יותר של החיים. אפילו לדברים שהם עושים ונראים חסרי הגיון יהיה מסר כזה.

היה מַהַאטְמָה שעבודתו היחידה היתה לגלגל סלעים גדולים במעלה ההר. זו היתה העבודה היחידה שעשה עד יום מותו. הוא מעולם לא השתעמם ולא היו לו כל תלונות. אנשים חשבו שהוא משוגע, אך הוא לא היה כזה. לעיתים היו נדרשות לו שעות אחדות או אף כמה ימים כדי לגלגל במו ידיו סלע גדול כל הדרך לפסגת

ההר. כאשר הצליח להגיע לשם, גלגל אותו מטה. בהתבוננו בסלע מתגלגל מפסגת ההר למרגלותיו, המַהַאטְמָה היה מוחא כפיים ופורץ בצחוק כילד קטן.

התקדמות בכל תחום של עשיה דורשת אומץ וכוחות רבים, אך לא לוקח אפילו דקה להרוס את כל מה שהשגנו בעבודה קשה. דבר זה נכון מאוד גם לגבי מעלותינו. בנוסף, נשמה גדולה זו כלל לא היתה בהיקשרות למאמץ הכנה שהשקיע בהעלאת הסלע במעלה ההר. לכן הוא היה יכול לצחוק כילד – צחוק של חוסר היקשרות עילאי. סביר להניח שאלו היו השיעורים שהוא ביקש ללמד את כולם.

אנשים עשויים לפרש ולשפוט את פעולותיו של המַהַאטְמָה. זה רק משום שהמיינד שלהם נטול הבחנה דקה הדרושה על-מנת לחדור מתחת לפני השטח. לאנשים יש ציפיות, אך מַהַאטְמָה אמיתי אינו מסוגל למלא אחר הציפיות של כולם.

חיבוקיה של אָמַה מעירים

שואל: אם מישהו היה אומר לך שגם הוא יכול לעשות את אותו הדבר שאת עושה – כלומר לחבק אנשים - מה היית עונה?

אָמַה: זה היה יכול להיות נפלא. העולם זקוק ליותר ויותר ללבבות מלאי חמלה. אָמַה היתה שמחה אם אדם אחר היה שוקל לשרת את האנושות בדרך של חיבוק אנשים באהבה אמיתית ובחמלה, בתור הַדַּהְרְמָה [תפקיד] שלו או שלה – מכיוון שאָמַה אחת אינה מסוגלת לחבק באופן פיזי את כלל המין האנושי. אולם, אם אמיתית לעולם אינה באה בטענות על ההקרבה האישית שלה למען ילדיה.

שואל: אָמַה, מה קורה כאשר את מחבקת אנשים?

אָמַה: כאשר אָמַה מחבקת אנשים, לא מתרחש רק מגע פיזי. האהבה שאָמַה חשה כלפי כל הבריאה זורמת כלפי כל אדם המגיע אליה. תדר טהור זה של אהבה מטהר אנשים, מה שעוזר להם בתהליכי ההתעוררות הפנימית והגדילה הרוחנית שלהם.

בעולמנו היום על נשים וגברים להתעורר לאיכויות האימהיות. חיבוקיה של אָמַה נועדו לעזור לאנשים להפוך מודעים לצורך אוניברסלי זה.

אהבה היא השפה היחידה שכל יצור חי מסוגל להבין. זהו דבר אוניברסלי. אהבה, שלום, מדיטציה ומוֹקְשָׁה [שחרור] הנם כולם אוניברסליים.

כיצד להפוך את העולם לאלוהים

שואל: כאיש משפחה יש לי המון אחריות ומחויבויות. באיזו גישה אני אמור לנהוג?

אָמַה: בין אם אתה איש משפחה או נזיר, הדבר החשוב ביותר הוא הדרך בה אתה מסתכל על החיים והוגה בהתנסויות שהם מביאים. אם הגישה שלך חיובית ומקבלת, הנך חי עם אלוהים אפילו בעודך בעולם. כך העולם נהיה אלוהים ואתה חווה את נוכחות אלוהים בכל רגע. לעומת זאת, גישה שלילית תביא בדיוק לתוצאה ההפוכה – בחירתך היא לחיות עם השטן. מוקד עשייתו של הסָאדְהָאק [מחפש רוחני] צריך להיות היכרות עם המיינד שלו, עם נטיותיו הנמוכות, והניסיון המתמשך להתעלות מעליהם.

פעם נישאל מַהַאטְמָה , "הו קדוש, האם אתה בטוח שבמותך תגיע לגן עדן?".

המָהַטְמָה השיב, "כן, בוודאי".

"אך כיצד אתה יודע זאת? אינך מת ואינך יודע אפילו מה בדעתו של אלוהים".

"ראה, נכון שאיני יודע מה דעתו של אלוהים, אך אני יודע מה דעתי. אני תמיד שמח היכן שאני נמצא, לכן, גם אם אהיה בגיהנום אהיה שמח ושליו", ענה המַהַאטְמָה .

שמחה ושלווה אלה הם אכן גן עדן , הכל תלוי במיינד שלך.

כוחן של מילותיה של אָמַה

חוויתי חוויה זו לא פעם אחת, אלא מאות פעמים. נניח מישהו שואל אותי שאלה או מביא בפני בעיה רצינית. אני מנסה לענות על הבעיה בדרך תאורית והגיונית. הוא מביע בכנות את תודתו והוקרתו ומתרחק ממני כשהוא נראה מרוצה מהפתרון שהצעתי, ואני מביט בו עם קצת אוויר של גאווה עצמית. אך מיד אני רואה את אותו אדם ניגש לסְוָואמִי אחר ופונה אליו עם אותה שאלה, וזה סימן ברור שהוא לא מרוצה מהעצה שקיבל ממני. למרות הכל אדם זה ממשיך לסבול. בסופו של דבר הוא ניגש לאָמַה, ואָמַה עונה באותה דרך. אני מתכוון, באותן מילים ולעיתים באותן דוגמאות. אבל שינוי פתאומי עובר עליו. צל הספק, הפחד והכאב לגמרי נעלמים, ופניו של אותו אדם לחלוטין מתמלאים באור. אני תמיד חושב "מה עושה את ההבדל? אָמַה עונה את אותה תשובה, אך ההשפעה אדירה". קחו למשל את הדוגמה הבאה: בזמן שאָמַה חילקה ארוחת צהריים ברטריט, רופאה הודית שחיה כבר 25 שנים בארצות הברית ניגשת אלי ואומרת "זה המפגש הראשון שלי עם אָמַה. הייתי רוצה לדבר איתך או עם סְוָואמִי אחר". הגברת ממשיכה ומספרת לי

סיפור נוגע ללב. לפני שנתיים בעלה עלה לרגל להר קָיְילָאשׁ בהימאליה. שם, הוא קיבל התקפת לב ונפטר במקום. הגברת לא הצליחה לשחרר את הכאב והצער. היא אמרה: "אני כועסת על אלוהים. אלוהים הוא חסר רחמים". הקשבתי לה באהדה רבה ככל יכולתי. דיברתי איתה, ניסיתי לשכנע אותה בהיבטים הרוחניים של מוות ושיתפתי אותה בדוגמאות שאָמַה נותנת. בסיום הייעוץ שלי אמרתי לה שלמעשה בעלה היה בר מזל לנשום את נשימתו האחרונה במקום מושבו של שִׁיוָוה. "מותו היה מופלא" הזכרתי לה. לבסוף טרם נפרדה ממני אמרה "תודה רבה. אך עדיין אני חשה כאב גדול". למחרת בבוקר, אותה גברת הגיעה לדארשאן. לפני שיכולתי לספר את סיפורה לאָמַה, אָמַה הביטה בה בעיניים ושאלה אותה באנגלית: "עצובה?" אָמַה ללא ספק חשה את צערה. בזמן שסיפרתי לאָמַה את סיפורה, אָמַה אחזה קרוב את אותה גברת בחום רב. אָמַה הרימה את פניה של אותה גברת והביטה עמוק לתוך עיניה. "מוות אינו הסוף. הוא לא השמדה כללית. זו התחלה של חיים חדשים." היא אמרה. " בעלך היה בר מזל. אני רואה אותו מאושר ושקט. לכן אל תתעצבי". הגברת פסקה מיד מלבכות ופניה התמלאו שלווה. באותו ערב ראיתי אותה שוב. נראה בפניה שהוקל לה. הגברת אמרה "אני רגועה עכשיו. אָמַה ממש ברכה אותי. אינני יודעת איך היא לקחה את העצב שלי כל כך מהר". יותר מאוחר, כשזה במחשבותי, שאלתי את אָמַה: "אָמַה, איך מילותיך יצרו כזה שינוי? למה זה לא כך כשאנחנו מדברים"?

"כי אתם נשואים לעולם, והתגרשתם מהאלוהי."

"אָמַה, המיינד מבקש עוד הסברים. האם תסכימי להרחיב על כך"?

"נשוי לעולם הכוונה היא 'מזדהה עם המיינד' שמשמעותו היצמדות למגוון הרב בעולם ולאובייקטים שבו. זה משאיר אותך מופרד, או מגורש מטבעך האלוהי. זה כמו להיות תחת היפנוזה. כשאנו משתחררים מההיפנוזה של המיינד, גֵרוּשים פנימיים מתרחשים. במצב זה אתה עדיין יכול לתפקד בעולם, אבל הנישואין הפנימיים, או האיחוד עם הנישגב עוזר לך לראות את הכזב, את טבעו המשתנה של העולם. כך, אתה נשאר בלתי נגוע או מנותק. אתה כבר לא מהופנט מהעולם והחפצים. זהו למעשה מצב נעלה של הארה. זו ההכרה שהאיחוד, או הנישואין עם העולם, אין בו אמת. האמת נמצאת באיחוד עם האלוהי, ובהישארות נשוי לו לנצח. הגוֹפִּיס [נשות רועי הבקר] של וְרִינְדָאוַון החשיבו עצמן הכלות של קרישנה, ובתוכן פנימה הרגישו נשואות לו, וגרושות מן העולם".

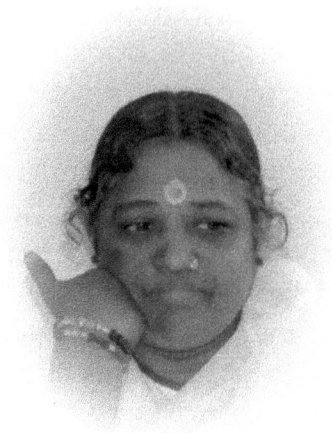

מדענים וקדושים

לדָבֵק ששאל שאלה על אלו שאינם-מאמינים:

האמנם מאמינים אנחנו למדענים כאשר הם מדברים על הירח ועל מאדים? אך כמה מאיתנו באמת יכולים לאשר, שמה שהם אומרים אכן נכון? אך עדיין, אנו בוטחים במילותיהם של מדענים ואסטרונומים, לא כך? כך גם, הקדושים והרואים למיניהם, שעשו ניסויים במעבדותיהם הפנימיות והתוודעו לאמת הנעלה, שהיא בעצם המצע והבסיס ליקום כולו. ממש כשם שאנו סומכים על מילותיהם של מדענים, המדברים על עובדות לא ידועות לנו, כך עלינו להאמין במורים הגדולים המדברים על האמת בה הם נטועים.

איך להתקדם מעבר למחשבות?

שואל: אָמָה, נראה שאין סוף למחשבות האלו. ככל שאנו מודטים יותר, מגיעות יותר מחשבות. מדוע זה כך? כיצד נפטרים מהמחשבות הללו ומתקדמים מעבר להן?

אָמָה: במציאות, המחשבות המהוות את המיינד הן חסרות חַיּוּת. הן שואבות את כוחן מהאַטְמָאן [עצמי]. מחשבותינו הן פרי יצירתנו. אנו הופכים אותן לאמיתיות כאשר אנו משתפים איתן פעולה. אם נפסיק לתמוך בהן, הן תתמוססנה. התבוננו היטב במחשבות מבלי לנסות לתייג ולסווג אותן. אז תראו אותן נעלמות בהדרגה.

המיינד צובר מחשבות ותשוקות במשך עידנים – דרך הגופים השונים בהם נולדתם. כל הרגשות הללו קבורים עמוק בפנים. מה שאתם רואים או חווים על פני המיינד מהווה אך חלק קטן מהשכבות הנסתרות הנמצאות רדומות בפנים. כאשר אתם מנסים להשקיט את המיינד באמצעות מדיטציה, המחשבות הללו צפות לאטן אל פני השטח. זה דומה לניסיון לנקות רצפה שלא נשטפה כבר זמן רב. כך, כאשר

אנו מתחילים בתהליך, ככל שאנו שוטפים יותר, יותר לכלוך יוצא החוצה, משום שהרצפה אגרה לכלוך במשך שנים.

בדומה לכך מתנהל המיינד – קודם לכן לא שמנו לב כלל למחשבות השונות שזרמו דרך המיינד שלנו. כמו אותה רצפה מלוכלכת, המיינד אגר מחשבות, תשוקות ורגשות במשך זמן רב מאוד. אנו מודעים רק לאלו המצויים מעל פני השטח. אולם, מתחת לפני השטח ישנן שכבות רבות מספור של מחשבות ורגשות. כפי שלכלוך רב יותר יוצא ככל שאנו מתקדמים בניקיון הרצפה, מחשבות רבות מתגלות ככל שהמדיטציה שלנו מעמיקה. המשיכו לנקות והן יעלמו.

למעשה, זה יהיה דבר חיובי אם הן מופיעות. מכיוון שברגע שאתם רואים ומזהים אותן, קל יותר להסירן. אל תאבדו סבלנות. התמידו בתרגולים הרוחניים שלכם. בבוא העת תשיגו את הכוח להתעלות מעליהן.

אלימות, מלחמה והפתרון

שואל: מה יכולים אנשים לעשות כדי לשים סוף למלחמות ולסבל?

אָמַה: היו רחומים ומבינים יותר.

שואל: זה עשוי לא להיות פתרון מיידי.

אָמַה: פתרון מהיר ומיידי הוא כמעט בלתי-אפשרי. יישום תוכנית ולוח זמנים מוגדר עלול גם כן לא לעבוד.

שואל: אבל זה אינו מה שאנשים שוחרי-שלום בעולם מעוניינים בו. הם מעוניינים בפתרון מהיר.

אָמַה: זה דבר טוב. תנו לרצון למציאת פתרון מהיר להמשיך לגדול עד שיהפוך לכמיהה עזה. רק מכמיהה עמוקה כזו יתפתח פתרון מהיר.

שואל: אנשים רבים המחוברים לרוחניות סבורים כי אלימות או מלחמה המתקיימות בחוץ הנן למעשה רק התגלמות של האלימות הקיימת בפנים. מה את חושבת על כך?

אָמַה: זה נכון. עם זאת, יש להבין שכפי שאלימות היא חלק מהמיינד האנושי, שלווה ואושר הם גם חלק ממנו. אם אנשים באמת מעוניינים בכך, הם יכולים למצוא שלווה בפנים וגם בחוץ. מדוע אנשים מתמקדים יותר בצדדיו האלימים וההרסניים של המיינד? מדוע הם מתעלמים לחלוטין משיאי החמלה והיצירתיות האינסופיים שאותו מיינד מסוגל להשיג?

בסופו של דבר, כל המלחמות הן רק השתוקקות של המיינד לבטא את האלימות הגלומה בו. למיינד יש היבט פרימיטיבי לא מפותח או לא מפותח מספיק. מלחמה היא תוצאה של היבט פרימיטיבי זה של המיינד. טבעו המחרחר מלחמה של המיינד הוא פשוט דוגמה, הוכחה לכך, שטרם התבגרנו מעבר למיינד הפרימיטיבי שלנו. אם לא נתעלה מעל חלק זה, מלחמה ועימותים ימשיכו להתקיים בחברה. שיחור

לדרך נכונה להתפתחות מעבר להיבט (פרימיטיבי) זה של המיינד והטמעה של אותה דרך, זה האופן ההולם והבריא לגשת לנושא של מלחמה ואלימות.

שואל: האם דרך זו היא הרוחניות?

אָמַה: כן, הדרך הנכונה הינה רוחניות – שינוי תהליכי החשיבה שלנו וצמיחה מעבר לחולשות ולמגבלות המנטליות שלנו.

שואל: האם לדעתך אנשים בני כל האמונות יקבלו זאת?

אָמַה: בין אם הם יקבלו זאת ובין אם לא, זו האמת. רק כאשר מנהיגים דתיים ייזמו את הפצת עקרונותיהם הרוחניים של הדתות שלהם, המצב הנוכחי ישתנה.

שואל: אָמַה, האם את חושבת שהעקרון המצוי בבסיסן של כל הדתות הוא רוחניות?

אָמַה: זו לא החשיבה של אָמַה. זו האמונה המוצקה של אָמַה. זו האמת.

הדת ועקרונותיה המהותיים לא הובנו כראוי. למעשה, הם פורשו באופן שגוי. ישנם שני היבטים לכל אחת מהדתות בעולם: החיצוני והפנימי. החיצוני הנו הפילוסופיה או החלק האינטלקטואלי, בעוד שהפנימי הוא החלק הרוחני. אלו שיצמדו יתר על המידה להיבט החיצוני של הדת יולכו שולל. דתות הן תמרורים. הן מצביעות על המטרה, והמטרה היא הגשמה רוחנית. לשם השגת מטרה זו על האדם להתעלות מעל התמרורים, שהן המילים.

לדוגמה, עליך לחצות נהר. לצורך כך עליך להשתמש במעבורת. אולם, מרגע שתגיע לעברו השני של הנהר, עליך לצאת ולהתקדם הלאה. אם תאמר בעקשנות, "אני אוהב את הסירה הזו כל-כך. אני לא רוצה לצאת החוצה. אני אשאר כאן", לא תגיע לצד השני של החוף. הדת היא הסירה. השתמש בה על-מנת לחצות את ים אי-ההבנה ותפיסות מוטעות לגבי החיים. מבלי להבין וליישם זאת לא יעלה ויבוא שלום אמיתי, מבחוץ או מבפנים.

דת הנה כמו גדר המגנה על שתיל מפני חיות. מרגע שהוא הופך לעץ, אין לו יותר צורך בגדר. כך, אנו יכולים לומר שדת היא כמו הגדר בעוד שהֶאָרָה היא כמו העץ.

מישהו מצביע באצבע על פרי על העץ. אתם תסתכלו על קצה האצבע שלו ואז מעבר לה. אם לא תביטו מעבר לקצה האצבע, לא תשיגו את הפרי. בעולם המודרני

אנשים בני כל הדתות מפספסים את הפרי. הם הפכו להיות קשורים מדי, ואף אובססיביים, לקצות האצבעות – המילים וההיבטים החיצוניים של הדתות שלהם.

שואל: האם את סבורה שאין מספיק מודעות לגבי כך בחברה?

אָמַה: נעשית עבודה רבה לשם יצירת מודעות זו, אך עוצמתה של החשיכה היא כזו, שאנו נדרשים להתעורר ולעבוד קשה יותר. כמובן, ישנם אנשים וארגונים המעורבים ביצירת מודעות זו. עם זאת, המטרה לא תושג רק על-ידי ארגון כנסים ושיחות שלום. מודעות אמיתית מגיעה אך ורק מתוך חיים מדיטטיביים. עליה להתרחש מבפנים. על כל הארגונים והאנשים המעורבים באופן פעיל בכינון עולם של שלום, ללא מלחמות, להדגיש נקודה זו. שלום הוא לא תוצר של תרגיל אינטלקטואלי. הוא תחושה, לבלוב המתרחש מבפנים כתוצאה מהולכת האנרגיה שלנו דרך הערוצים המתאימים. זה מה שעושה המדיטציה.

שואל: כיצד היית מתארת את מצב העניינים הנוכחי בעולם?

אָמַה: ברחם אמו, העובר האנושי מעוצב תחילה כדג. בסופו של התהליך הוא נראה כמעט כמו קוף. למרות שאנו טוענים כי אנו אנשים מתורבתים שהתקדמו בקפיצות גדולות בתחום המדעי, רבות מהפעולות שלנו מצביעות על כך שמבפנים אנו עדיין מצויים באותו שלב אחרון ברחם.

למעשה, אָמַה תאמר שהמיינד האנושי מתקדם הרבה יותר מזה של הקוף. קוף מסוגל רק לקפוץ מענף לענף ומעץ לעץ, אך המיינד האנושי – גם במצבו ה"קופי" - מסוגל לקפיצות גדולות הרבה יותר. הוא יכול לקפוץ מכאן לכל מקום, לירח או לפסגות ההימלאיה, ומההווה לעבר ולעתיד.

רק שינוי רוחני המתבסס על נקודת מבט רוחנית יביא שלום וסוף לסבל. גישותיהם של מרבית האנשים הן נוקשות. הסיסמא שלהם היא, "רק אם אתה תשתנה, אני אשתנה". דבר זה לא יעזור לאף אחד. אם אתה תשתנה ראשון, האחר ישתנה גם כן באופן אוטומטי.

ישו והנצרות

שואלת: אני נוצריה מלידה. אני אוהבת את ישו, אך אני אוהבת גם את אָמַה. את הגורו שלי. אבל, הדילמה שלי היא ששני בניי, שהנם תומכים נלהבים של הכנסייה ושל ישו, לא מאמינים בדבר מלבד זה. הם חוזרים ואומרים לי, "אמא, אנו עצובים מפני שלא נראה אותך בגן-עדן, את תגיעי לגיהנום על שלא הלכת בדרכו של ישו". אני מנסה לשוחח איתם, אך הם מסרבים להקשיב. אָמַה, מה עלי לעשות?

אָמַה: אָמַה מבינה לחלוטין את אמונתם בישו. למעשה, לאָמַה יש כבוד רב והערכה רבה לאנשים להם אמונה עמוקה בדתם ובאל הפרטי שלהם. אולם, לחלוטין מוטעה ולא הגיוני לומר כי כל האנשים האחרים, שאינם מאמינים בישו, ילכו לגיהנום. כשישו אמר, "אהוב את שכנך כפי שאתה אוהב את עצמך", הוא לא התכוון, "אהוב נוצרים בלבד", נכון? לומר "כל האנשים, מלבד הנוצרים, ילכו לגיהנום", משמעותו לא להחשיב אחרים מתוך היעדר אהבה מוחלט. זהו שקר. שקרים מנוגדים לאלוהים. קדושה מתקיימת בהיותנו דוברי אמת, מכיוון שאלוהים הוא אמת. אלוהים הוא אהבה והתחשבות באחרים.

אמירה כגון, "כולכם תלכו לגיהנום משום שאינכם הולכים בעקבות ישו", מראה חוסר כבוד מוחלט והיעדר אדיבות כלפי כל שאר האנושות. איזו גישה יהירה ואכזרית היא זו, לומר כי כל הקדושים הגדולים, החכמים וכל מיליארדי האנשים שחיו פה לפני ישו הגיעו לגיהנום? האם אנשים אלו טוענים כי חוויית האלוהות קיימת רק 2000 שנה, או שאולי הם מתכוונים שאלוהים עצמו בן 2000 שנה בלבד? דבר זה מנוגד לעצם טבעו של אלוהים, הנמצא בכל דבר ומעבר למקום ולזמן.

ישו היה התגלמות אלוהים בגוף אנושי. לאָמַה אין כל בעיה לקבל זאת. עם זאת, אין זה אומר שכל שאר ההתגלמויות הגדולות, לפניו ואחריו, אינם אָוָאטַרים [אלוהים שירד לתוך גוף אנושי], או שאינם מסוגלים להציל את אלו המאמינים בהם.

האם ישו לא אמר, "ממלכת השמיים מצויה בתוכנו" זו הצהרה כה פשוטה וישירה. מה משמעותה? משמעותה שאלוהים שוכן בתוככם. אם גן העדן מצוי בפנים,

גם גיהנום מצוי שם. זהו המיינד שלכם. המיינד הוא כלי מאוד יעיל. אנו יכולים להשתמש בו ליצירתם של גן-עדן וגיהנום.

כל המַהָאטְמוֹת, כולל ישו, מייחסים חשיבות רבה לאהבה ולחמלה. למעשה, אהבה וחמלה הם עקרונות יסוד של כל הדתות האמיתיות. איכויות אלוהיות אלו מהוות את התשתית לכל האמונות. מבלי לקבל את התודעה הטהורה כעיקרון מהותי העומד בבסיס הכל, אי אפשר לאהוב ולהיות בחמלה כלפי אחרים. לומר "אני אוהב אותך אבל רק אם את נוצריה" זה כמו לומר "רק לנוצרים יש תודעה, כל היתר הם חפצים דוממים". להכחיש תודעה זה להכחיש אהבה וחמלה. ביתי, בכל הקשור לגישתך כלפי המצב, אָמַה לא חושבת שיהיה לך קל לשנות את איך שילדיך מרגישים. זה גם לא נחוץ. תני להם להמשיך באמונתם, לכי אחרי הלב שלך ובשקט המשיכי לעשות את מה שראוי בעיניך. אחרי הכל, הרגש העמוק בליבך הוא מה שחשוב. תהיי נוצריה, הינדו, בודהיסטית, יהודיה או מוסלמית, לעולם אל תוותרי על יכולת ההבחנה שלך ואל תהפכי משוגעת בשם הדת.

חניכה לתוך מנטרה של ישו

בחור נוצרי צעיר ביקש מאָמַה מנְטְרָה. "מי הוא האל האהוב שלך?" שאלה אותו אָמַה. "זה תלוי בך ,אָמַה. כל אל שתבחרי, אשנן את המנטרה שלו" הוא אמר.

אָמַה השיבה "לא, אָמַה יודעת שנולדת והתחנכת כנוצרי, כך שהסַמְסְקַרָה [הנטיה הבולטת שעברה בירושה מחיים קודמים וחיים אלו] מושרשת עמוק בתוכך." לאחר רגע של מחשבה, אמר הבחור הצעיר, "אָמַה, אם את רוצה שאני אבחר באל, אז אנא תחנכי אותי למנטרה של קָאלִי."

אָמַה דחתה את בקשתו באהבה ואמרה, "ראה, אָמַה יודעת שאתה רוצה לרצות אותה. לאָמַה זה לא משנה אם תשנן מנטרה של קָאלִי או מנטרה של ישו. היה כנה עם עצמך ופתוח בפני אָמַה. גישה זאת היא מה שמשמח את אָמַה באמת."

"אבל אָמַה, אני יכול לשיר את המִירְטִיוּנְגַ'אִיָה (Mrityunjaya) מנטרה ועוד תפילות הינדואיות." הוא אמר, מנסה לשכנע את אָמַה.

אָמַה ענתה, "אולי זה נכון, אבל אתה חייב לשיר מנטרה של ישו, משום שזו הסַמְסְקָרָה המובילה שלך. אם תשיר מנטרות אחרות, יהיה לך קושי לדבוק בהן בטווח הארוך. מחשבות סותרות יגיחו כך." למרות זאת, הבחור הצעיר התעקש. הוא רצה שאָמַה תבחר בשבילו מנטרה או שתחנוך אותו למנטרה של קָאלִי . לבסוף אמרה אָמַה, "בסדר, בני, עשה רק דבר אחד - שב בשקט במדיטציה זמן מה. בוא נראה מה יקרה."

כמה דקות מאוחר יותר, כשיצא מהמדיטציה, שאלה אותו אָמַה, "עכשיו, אמור לאָמַה, מי הוא האל האהוב שלך?" הבחור הצעיר רק חייך. אָמַה שאלה אותו, "ישו? הלא כך?" ענה הבחור, "כן אָמַה, את צודקת ואני טועה."

אָמַה אמרה לו, "אָמַה לא רואה הבדל בין ישו, קרישנה וקָאלִי . למרות זאת, לא במודע, אלא בתת מודע שלך חשת אחרת. אָמַה רצתה שתווכח בזה ותקבל את זה. לכן ביקשה ממך למדוט."

הבחור הצעיר היה שמח, ואָמַה חנכה אותו למנטרה של ישו.

מחפשים הוזים והדרך החוצה

שואל: אָמָה,ישנם אנשים ההולכים בדרך הרוחנית הרבה מאוד זמן. מצד שני, הם גם ממש הוזים. חלקם אפילו טוענים שהשלימו את המסע. כיצד אנו יכולים לעזור לאנשים כאלה?

אָמָה: כיצד מישהו יכול לעזור להם מבלי שיבינו את הצורך בכך? כדי לצאת מחשכת האשליה, על המחפש לדעת קודם כל שהוא או היא נמצאים בחשכה. זהו עוד מצב נפשי מורכב. הילדים האלה תקועים בו וקשה להם לקבל את האמת. איך מישהו יכול לטעון טענות, כשם שהילדים האלו טוענים, אם הוא או היא היו חופשיים לגמרי מהאגו?

שואל: מה דוחף אותם למצב תודעה הזוי זה?

אָמָה: התפיסה המוטעית שלהם לגבי רוחניות וחקירה עצמית.

שואל: האם אפשר להציל אותם?

אָמַה: רק אם הם רוצים להינצל.

שואל: הלא חסד אלוהים יכול להציל אותם?

אָמַה: כמובן, אך האם הם פתוחים לקבל את החסד?

שואל: חסד וחמלה הם ללא תנאי. 'להיות פתוח' זהו תנאי, לא כך?

אָמַה: פתיחות היא לא תנאי. זה צורך, והיא חיונית כמו אכילה ושינה.

עזרתו של מאסטר אֶמֶת להשלמת המסע

שואל: ישנם כאלה שלדעתם הנחייתו של גורו אינה נחוצה להגיע להארה. אָמַה, מה דעתך על כך?

אָמַה: אדם עיוור פיזית רואה חשכה בכל מקום, לכן הוא מבקש עזרה. אך למרות שאנשים עיוורים רוחנית, הם אינם מבינים זאת. וגם אם הם מבינים זאת, הם אינם מקבלים זאת. לכן זה קשה עבורם לבקש הכוונה.

לאנשים ישנן דעות שונות ויש להם את החופש להביע אותן. אלו בעלי האינטלקט החד ביותר יכולים להסכים או לא להסכים עם דברים רבים. עם זאת, קביעותיהם הן לא בהכרח האמת. כמה שאתה יותר שכלתני, כך אתה יותר אגואיסטי. כניעה אינה דבר קל עבור אדם כזה. החוויה של אלוהים לא תהפוך למציאות אלא אם האגו יוכנע. אנשים בעלי היצמדות חזקה לאגו שלהם ימצאו דרכים רבות להצדיק את הפעולות האגואיסטיות שלהם. אָמַה מרגישה שאם מישהו טוען שהכוונתו של גורו איננה נחוצה בדרך אל אלוהים, אדם שכזה מפחד להכניע את האגו שלו או שלה. או אולי הם כמהים בעצמם להיות גורו.

למרות שהטבע האמיתי שלנו הוא אלוהי, הזדהנו במשך זמן כה רב עם עולם השמות והצורות עד שחשבנו שהם אמיתיים. כעת עלינו לשחרר את ההזדהות שלנו בהם.

מינְחָה מלב תמים

ילדה קטנה באה לדָארְשָׁן והביאה לאָמָה פרח יפהפה. היא אמרה, "אָמָה, זה פרח מהגינה בבית."

אָמָה השיבה, "באמת? איזה יופי!" בקבלה את הפרח מהילדה, אָמָה נגעה עם הפרח בראשה כאילו קדה לו קידה.

"האם קטפת אותו בעצמך?" שאלה אָמָה. הילדה הנהנה בראשה. אימהּ של הילדה הסבירה כי ביתהּ כל כך התרגשה כשאמרה לה שהם נוסעים לראות את אָמָה, והיא רצה לגינה וחזרה עם הפרח. ואכן היו על הפרח עדיין כמה טיפות של טל. "כשהראתה לי את הפרח היא אמרה, 'אמא, הפרח הזה יפה כמו אָמָה'"

הילדה ישבה בחיקה של אָמָה. לפתע חיבקה את אָמָה חזק ונישקה אותה על שתי הלחיים. היא אמרה, "אני אוהבת אותך כל כך, אָמָה." כשהיא מנשקת אותה בחזרה, ענתה לה אָמָה, "ביתי, אָמָה אוהבת אותך מאוד גם כן"

בהביטה על הילדה צוהלת ורוקדת ליד אימהּ, כשהן חוזרות למקומן, אמרה אָמָה, " תמימות היא יפה ושובת-לב."

קו-חם לאלוהים

בזמן מפגש של שאלות ותשובות באחד הרטריטים של אָמַה, אחד המשתתפים אמר בטון מודאג, "אָמַה, אלפי אנשים מתפללים לך. נראה שכמעט כל הקווים יהיו תפוסים כשאתקשר לבקש עזרה. יש לך עצות עבורי?"

בשומעה את השאלה, צחקה אָמַה בלבביות וענתה, "אל תדאג, בני. יש לך קו ישיר." תשובתה של אָמַה עוררה צחוק סוער. היא המשיכה, "למעשה, לכולם יש קו-חם לאלוהים. למרות זאת, איכות הקו תלויה בלהט תפילותיך."

כמו נהר זורם

שואל: אָמַה, את עושה את אותה העבודה יום אחר יום, שנה אחר שנה. את לא משתעממת כך להמשיך ולחבק אנשים?

אָמַה: אם הנהר משתעמם מלזרום, אם השמש משתעממת מלהאיר ואם הרוח משתעממת מלנשוב, אז כך גם אָמַה, משתעממת.

שואל: אָמַה, בכל מקום שאת נמצאת בו, את כל הזמן מוקפת אנשים. את לא מרגישה צורך בחופש ולהיות לבד?

אָמַה: אָמַה כל הזמן חופשיה ולבה.

צלילים וֶדִים ומָנְטְרוֹת

שואל: הרִישִׁים (חכמים קדומים) של ימים עברו, ידועים כמָנְטְרה דְרִישְׁטָאס [אלו שחזו את המנטרות]. האם הכוונה היא שהם חזו את הצלילים הטהורים ומָנְטְרוֹת?

אָמַה: הכוונה ב"חזו" היא ש"התבהר להם מבפנים" או שהם חוו. מנטרות יכולות להחוות רק כמשהו פנימי. הצלילים הוֶדִים והמָנְטְרוֹת תמיד היו שם, ביקום, באטמוספירה. מה מדענים עושים כאשר הם ממציאים משהו? הם מביאים עובדה שהיתה חבויה הרבה זמן אל האור. אי אפשר לקרוא לזה המצאה חדשה. הם רק חושפים את הידע. ההבדלים היחידים בין המצאות מדעיות ומנטרות נמצאים ברבדים העדינים יותר. הרִישִׁים הפכו את הכלים הפנימיים שלהם נקיים וטהורים, ע"י סגפנות רבה. ולכן צלילי היקום הללו הפציעו בהם באופן אוטומטי. אנחנו

יודעים איך צלילים ודמויות בצורת תדרים, נישאים באויר מתוך תחנות רדיו או טלויזיה. הם תמיד נשארים באטמוספירה. אבל כדי לראות או לשמוע אותם, אנחנו צריכים לכוונן את הכלים שלנו, הרדיו או הטלויזיה. בדומה לכך, הצלילים האלוהיים הללו יתגלו בפני מי שתודעתו טהורה. העיניים אינן יכולות לראות אותם. רק על ידי פיתוח עין שלישית או עיניים פנימיות נוכל לחוות את הצלילים האלה.

כל צליל אשר יהיה, עלינו ללמוד איך לחוש אותו בצורה עמוקה ככל שניתן. לחוש את הצליל ולא לשמוע אותו בלבד, הוא מה שחשוב באמת. חושו את תפילותיכם, חושו את המָנְטְרוֹת שלכם וכך תחושו באלוהים.

שואל: האם למָנְטְרוֹת יש משמעות?

אָמַה: לא בצורה שאתה חושב או מצפה. מָנְטְרוֹת הן הצורה הטהורה ביותר של תדרים אוניברסליים, או שָׁאקְטִי [אנרגיה אלוהית]. העומק כפי שנחווה ע"י הרִישִׁים במדיטציה עמוקה. מָנְטְרָה היא כוח היקום בצורת זרע. לכן הן ידועות כביג'אקשארס bijaksharas [אותיות זרע]. כאשר הם חוו את הדבר הזה, הם הציעו את הצלילים הטהורים האלו לאנושות. אמנם, לתמצת מילולית חוויה, ובייחוד את החוויה העמוקה ביותר, זה לא דבר פשוט. ולכן המָנְטְרוֹת שיש לנו הם צלילים קרובים מאוד לצליל האוניברסלי, שהרִישִׁים הרחומים יכלו לנסח מילולית לטובת העולם. ועדיין, שלמות המָנְטְרָה יכולה להחוות רק כאשר התודעה טהורה באופן מושלם.

משהו חסר

שואל: אָמַה, הרבה מאוד אנשים אומרים, שלמרות הנוחות החומרית, משהו חסר בחייהם. למה הם מרגישים כך?

אָמַה: החיים מביאים חוויות מגוונות ומצבים שונים לאנשים שונים על פי הקָארְמָה [פעולה] מהעבר, והדרך על פיה הם חיים היום. כל מי שתהיה או כל דרגה חומרית שתשיג, רק חיים וחשיבה דָהֲרְמִיִים [הגונים] יעזרו לך להשיג תחושת שלמות ואושר בחיים. אם עושרך ותשוקותיך אינם מנוצלים על פי הַדָהֲרְמָה האולטימטיבית שלהם, שהיא השגת מוֹקְשָׁה [שחרור], לעולם לא תגיע לחופש. תמיד תשרור בך התחושה של "חסר לי משהו". והמחסור הזה בשמחה אמיתית יוצר חלל שאינו יכול להתמלא על ידי סיפוק תאוות או מימוש צרכים חומריים.

אנשים בכל העולם סבורים כי הם יכולים למלא את הפער הזה על ידי מימוש הצרכים החומריים שלהם. למעשה, הפער הזה ישאר ואף עשוי להתרחב, אם הם ימשיכו להתרוצץ אחרי דברים ארציים בלבד. דְהַרְמַה ומוֹקְשָׁה נמצאות בתלות הדדית. מי שחי על פי עקרונות דְהַרְמַה יגיע למוֹקְשָׁה, ומי שחפץ להשיג מוֹקְשָׁה הדבר יוביל לחיים דהרמיים.

אם משתמשים בהם לא נכון ולא בחוכמה, עושר וכסף עלולים להפוך למכשול גדול. הם הפרעות לאלה המחפשים להתפתח רוחנית. ככל שיהיה לך יותר כסף, כך יותר סביר שתהיה אובססיבי לגבי הגוף הפיזי שלך. ככל שתזדהה עם הגוף הפיזי שלך, כך תהיה יותר אגואיסט. כסף הוא לא בעיה, אבל היצמדות לא אינטליגנטית אליו, כן.

העולם ואלוהים

שואל: מה הקשר בין העולם ואלוהים, אושר וצער?

אָמַה: למעשה, העולם צריך להכיר את אלוהים או לחוות אושר אמיתי. בכיתה, המורה כותב על לוח שחור בעזרת פיסת גיר לבנה. הרקע השחור מהווה ניגוד לאותיות הלבנות. בדומה לכך, העולם הוא הרקע שלנו כדי שנוכל לדעת את הטוהר שלנו, להכיר בטבענו המקורי, שהוא אושר נצחי.

שואל: אָמַה, האם זה נכון שרק בני אדם מרגישים לא שמחים, או לא מרוצים; וחיות לא?

אָמַה: לא ממש, לחיות יש גם תחושות של צער או אי-שביעות רצון. הן חוות צער, אהבה, כעס ורגשות אחרים. אך הן לא מרגישות אותן באופן עמוק כמו בני אדם. בני אדם יותר מפותחים, אז הם מרגישים את זה באופן עמוק.

למעשה, רגשות עמוקים של צער מראים את הפוטנציאל לנוע לקיצון השני, שהוא אושר עילאי. מהתחושה הזאת של צער עמוק וכאב אנו יכולים, למעשה,

לאזור מספיק כוח לנוע לדרך החקירה העצמית. זו רק שאלה של תיעול השָאקְטִי [אנרגיית החיים] שלנו באופן חד יותר.

שואל: אָמַה, איך אפשר להשתמש בשָאקְטִי שלנו באופן חד יותר?

אָמַה: רק הבנה עמוקה יותר תעזור לנו בכך. נניח שאנו משתתפים בטקס הלוויה, או שאנו מבקרים חולה מבוגר, מרותק למיטה לחלוטין. נרגיש עצב, ללא ספק. אך עד שנגיע בחזרה הביתה ונמשיך בעיסוקינו, העניין ישכח ואנו נמשיך הלאה. הסצנה לא הצליחה לחדור למעמקי הלב; היא לא שקעה לעומק. אבל אם נצליח באמת להרהר בחוויות כאלו ונחשוב, "דבר דומה יכול לקרות לי במוקדם או במאוחר. עלי לברר לעומק את הגורמים לרגשי הצער האלו, ולהכין עצמי לפני שיהיה מאוחר מידי", כך הם ישנו בהדרגה את אורח החיים ויכוונו אותנו לעומקים המיסתוריים של היקום. בהדרגה, ככל שנהיה יותר רציניים וכנים, נגיע למקור האושר.

בעוד שאָמַה מדברת, תינוקת שישבה בנוח בחיק אימה, התחילה לבכות. כשהיא קוראת, "תינוקת...תינוקת...תינוקת," שאלה אָמַה מדוע התינוקת בוכה. אם התינוקת הרימה את המוצץ באוויר, ואמרה "היא איבדה את זה." כולם פרצו בצחוק. אז הגישה האם לתינוקת את המוצץ בחזרה לפה, והיא הפסיקה לבכות.

אָמַה: הקטנטנה הזאת איבדה את האושר שלה. זאת היתה דוגמה טובה לנקודה שאנחנו מנסים להבהיר. המוצץ הוא אשליה, כמו העולם. הוא לא מזין את התינוקת באופן כלשהו. אך הוא גרם לה להפסיק לבכות. אז ניתן לומר, שיש לו מטרה. בדומה לזה, העולם אינו מזין באמת את הנשמה. אך יש לו מטרה, שהיא להזכיר לנו את הבורא, או אלוהים.

שואל: נאמר שלפני שמגיעים להארה, נגזר עלינו לעבור דרך כאב עצום וצער. האם האמירה הזאת נכונה?

אָמַה: אפילו שיש צער וכאב בחיים, רוחניות היא לא מסע קדימה; היא מסע אחורה. אנו חוזרים למקור הראשוני של קיומנו. בתהליך הזה, עלינו לעבור דרך רובד הרגשות והוָאסַנוֹת [נטיות] שצברנו עד עתה. מכאן מגיע הכאב, לא מגורם חיצוני. כשעוברים דרך הרבדים האלו, בגישה פתוחה, אנו למעשה חוצים ואף מתמירים אותם, מה שיוביל אותנו באופן מוחלט לשכון בשלווה ואושר עילאיים.

לפני שנגיע לראש ההר, עלינו להיות בעמק שלמרגלותיו, הקיצון השני. בדומה לכך, לפני שנגיע לפסגת האושר חווית הקיצון השני, הצער, היא בלתי-נמנעת.

שואל: למה היא בלתי-נמנעת?

אָמַה: כל עוד קיימת הזדהות עם האגו וכל עוד קיימת התחושה, "אני נפרד מאלוהים", יהיו כאב וצער. כעת אתה נמצא למרגלות ההר. לפני שתתחיל לטפס, עליך לוותר על ההיצמדויות שלך לעמק, ועל כל מה שהיה שלך שם. כאב הוא בלתי נמנע, רק אם תעשה זאת לא בלב שלם. אחרת, אין כאב. כאשר ההיצמדות הזאת נזנחת, הכאב הופך לכמיהה חזקה, הכמיהה להגיע לגובה האיחוד הנצחי. השאלה האמיתית היא, כמה באמת יכולים לוותר על ההיצמדות הזאת בלב-שלם?

השואל העביר כמה רגעים בהרהור. כשהיא מבחינה בשקט שלו, אָמַה תופפה על ראשו ואמרה, "כיוונון תוף האגו, גורם לצלילים נעימים לצאת ממנו". השואל התחיל להתפוצץ מצחוק באופן ספונטני.

אָמַה: אָמַה שמעה סיפור. היה פעם איש עשיר, שאיבד כל עניין בעולם הגשמי, ורצה להתחיל בחיים חדשים של שקט ושלווה. היה לו כל מה שכסף יכול לקנות, ועדיין חייו הרגישו לו חסרי משמעות. אז הוא החליט ללכת אחרי מאסטר רוחני. לפני שעזב את ביתו חשב האיש, "מה אני הולך לעשות עם כל הכסף הזה? אולי אציע את כולו למאסטר ואשכח מזה. מה שאני משווע לו הוא אושר אמיתי." ואז שם האיש את כל מטבעות הזהב שלו בתיק, ונשא אותו יחד איתו. אחרי מסע של יום אחד, מצא האיש את המאסטר יושב מתחת לעץ בפאתי כפר אחד. הוא הניח את התיק לפני המאסטר והשתחווה בפניו. אך כשקם בחזרה, נדהם לראות כי המאסטר בורח משם בריצה כשתיק המטבעות בידו. מבולבל ומבוהל מהתנהגותו המוזרה של הגורו, האיש העשיר החל לרדוף אחריו מהר ככל שרגליו יכלו לשאת אותו. המאסטר רץ מהר יותר- לאורך השדות, במעלה ובמורד הגבעות, קיפץ מעל ערוצי הנחל, מעל השיחים ולאורך הרחובות. כבר החל להחשיך. המאסטר היה מאוד בקיא בדרכים המתפצלות ובנתיבי הכפר הצרים, כך שהאיש העשיר התקשה מאוד להדביק את הפער ביניהם.

לבסוף, כשהוא כבר מאבד תקווה, חזר האיש העשיר לנקודה הראשונה שראה בה את המאסטר. ושם, שכב לו תיק המטבעות- ומאחורי העץ התחבא המאסטר. כשאחז האיש העשיר בתיק היקר לו בחמדנות, הציץ המאסטר מאחורי העץ ואמר, "אמור איך אתה מרגיש עכשיו."

"אני שמח, מאוד שמח- זה הרגע הכי מאושר בחיי."

"אז" אמר הגורו, "כדי לחוות אושר אמיתי, חייבים לעבור גם את הקיצוניות השנייה."

ילדים, אתם יכולים לנדוד בעולם, ולרוץ אחרי אובייקטים שונים. אבל אם לא תחזרו למקור שממנו היתחלתם, אושר אמיתי לא יגיע. זהו למעשה עוד מוסר השכל מהסיפור.

שואל: אָמַה, שמעתי שאם לא מפסיק החיפוש, אושר אמיתי לא ימצא. איך את מסבירה את זה?

אָמַה: "אם לא מפסיק החיפוש" הכוונה היא שהחיפוש אחרי האושר בעולם החיצוני צריך להפסק, שכן מה שמחפשים נמצא בתוכנו. הפסיקו להתרוצץ אחרי אובייקטים שונים בעולם ופנו פנימה. שם תמצאו את מה שאתם מחפשים. אתם המחפשים וגם ה מה שמחפשים. אתם מחפשים משהו שכבר יש לכם. לא ניתן למצוא את זה בחוץ. לכן כל חיפוש אחר אושר בחוץ יסתיים בכישלון ותסכול. זה כמו כלב שרץ אחרי הזנב שלו.

סבלנות ללא גבולות

ישנו אדם בשנות החמישים המאוחרות לחייו, אשר מבקר באופן קבוע במפגשים של אָמַה בניו-יורק מאז 1988.

איני יכול לשכוח אותו מכיוון שתמיד חוזר ושואל את אָמַה את אותן השאלות, וכמעט תמיד יוצא לי לתרגם את שאלותיו, שנה אחר שנה, חוזר ושואל את אותן שלוש שאלות מבלי ששינה אותן כלל.

1. האם אָמַה יכולה להעניק לי הארה באופן מיידי?

2. מתי אתחתן עם אישה יפה?

3. איך אני יכול להרוויח כסף מהר ולהתעשר?

כאשר ראיתי אותו מגיע לתור הדָארְשָׁן , התבדחתי והערתי "הנה התקליט השבור מגיע".

אָמַה הרגישה מיד אל מי אני מתכוון, התבוננה אלי בקשיחות ואמרה "עיקרון הרוחניות הוא להרגיש ולהיות מעורב בבעיות וכאבים של האחר. צריך לפחות שתהיה לנו גישה בוגרת ואינטיליגנטית כלפי אנשים שחווים בעיות ומצבים כאלה. אם אין לך את הסבלנות להקשיב להם, כנראה שלא מתאים לך להיות המתרגם של אָמַה".

מיד ביקשתי מחילה מאָמַה על מילותי וגישתי השופטת, ולמרות זאת עדיין הייתי בספק אם אָמַה רוצה לשמוע את שאלותיו בפעם ה-15.

"האם לקבל את שאלותיו?" שאלתי את אָמַה, "בוודאי, מדוע אתה שואל?"

לבטח יהיו אלו אותן שלוש השאלות. ושוב נמלאתי ביראת כבוד ופלא, כאשר הייתי עד לאָמַה מקשיבה לו ומייעצת כאילו שמעה את שאלותיו בפעם הראשונה.

שואל: האם אָמַה יכולה להעניק לי הארה באופן מיידי?

אָמַה: האם אתה מודע באופן קבוע?

שואל: אני מקווה לעשות כסף טוב, אז אני עובד 50 שעות בשבוע, ובעצם אני מודט אך לא באופן קבוע.

אָמַה: מה זה אומר?

שואל: אחרי העבודה, אם אני מוצא זמן, אני מודט.

אָמַה: בסדר, ומה עם שינון מנטרה? האם אתה משנן את המנטרה בכל יום, כפי שהודרכת?

שואל: (בהיסוס קל) כן, אני משנן את המנטרה, אבל לא כל יום.

אָמַה: מתי אתה הולך לישון? ומתי אתה קם בבוקר?

שואל: אני בדרך כלל הולך לישון בסביבות חצות וקם ב-07:00.

אָמַה: מתי אתה יוצא לעבודה?

שואל: שעות המשרד שלי הם מ- 08:30 עד- 17:00, זמן נסיעה בין 35 ל- 40 דקות ללא פקקים. כך שאני עוזב את הבית בסביבות 07:35. כשאני מתעורר, יש לי זמן לכוס קפה ושתי פרוסות טוסט, ולהתלבש. עם כוס הקפה וארוחת הבוקר ביד, אני קופץ לאוטו ונוסע.

אָמַה: מתי אתה חוזר מהעבודה?

שואל: מממ...17:30 או 18:00.

אָמַה: מה אתה עושה כאשר אתה מגיע הביתה?

שואל: אני נרגע חצי שעה ומבשל ארוחת ערב.

אָמַה: לכמה אנשים?

שואל: רק לעצמי. אני לבד.

אָמַה: כמה זמן זה לוקח?

שואל: בערך 40 דקות עד שעה.

אָמַה: זה יוצא 19:30, מה אתה עושה אחרי ארוחת הערב? צופה בטלוויזיה?

שואל: נכון.

אָמַּה: כמה זמן?

שואל: (צוחק) אָמַּה הכנסת אותי לפינה, אני רואה טלויזיה עד שאני הולך לישון. אני גם רוצה להתוודות בפניך על עוד דבר... לא, תשכחי מזה.

אָמַּה: (טופחת לו על הגב) קדימה, המשך וסיים את מה שהתחלת להגיד.

שואל: זה מביך מדי לספר.

אָמַּה: טוב בסדר.

שואל: (לאחר כמה רגעים של הפסקה) אין טעם להחביא ממך. בכל מקרה, אני מאמין שאת כבר יודעת זאת, אחרת למה יצרת מצב שכזה? אוי לי, זו כזו לילה [משחק אלוהי] .... אָמַּה, אני מבקש את סליחתך, אבל שכחתי את המַנְטְרָה שלי. אני אפילו לא מוצא את פיסת הנייר שעליו היא כתובה.

בשומעה את מילותיו, פרצה אָמַּה בצחוק.

שואל: (בפליאה) מה? למה את צוחקת?

בעודו יושב בפנים מודאגות, אָמַּה צבטה את אוזנו, כשהיא צוחקת.

אָמַּה: גנב קטן אתה! אָמַּה ידעה שאתה מנסה להחביא משהו ממנה. ראה, בני, אלוהים נותן הכל. אָמַּה מבינה את כנותך וחקירתך, אך אתה זקוק ליותר שְׁרַדְּהַה [אמונה ותשומת לב אוהבות] ומחויבות. עליך לעבוד קשה על מנת להגיע למטרה, להגיע להארה.

מנטרה היא הגשר שמחבר אותך לגורו, את הסופי לאינסוף. חזרה ושינון המנטרה הם כמו אוכל עבור תלמיד אמיתי. הראה כבוד כלפי המנטרה, ואמץ גישה של כבוד לגורו, בכך שתשנן את המנטרה בכל יום. אם אין בך מחויבות, ההארה לא תתרחש. רוחניות היא לא חצי-משרה, היא עבודה במשרה מלאה.

אָמַּה לא מבקשת ממך להתפטר מעבודתך או לעבוד פחות שעות. אתה מחשיב את עבודתך והכסף כעניין רציני, לא כך? באותו משקל, הארה גם היא רצינית. בדיוק כמו אכילה ושינה, אימון רוחני צריך להפוך להיות חלק בלתי נפרד מחייך.

שואל: (בנימוס) אָמַּה, אני מקבל את תשובתך. אני אזכור ואנסה להתיישר כפי שהדרכת אותי. אנא ברכי אותי.

האיש השתתק לזמן מה. הוא ונראה מהורהר.

אָמַה: בני... התחתנת כבר פעמיים בעבר, לא כן?

שואל: (מבוהל) איך ידעת?

אָמַה: בני, זו לא הפעם הראשונה שאתה מעלה סוגיות אלו בפני אָמַה.

שואל: איזה זיכרון!

אָמַה: מה גורם לך לחשוב שהנישואים הבאים יעבדו?

שואל: לא יודע.

אָמַה: אתה לא יודע או שאתה לא בטוח?

שואל: אני לא בטוח.

אָמַה: האם למרות אי וודאות זו, אתה עדיין חושב על חתונה נוספת?

מבולבל מאוד, ויחד עם זאת, משועשע, האיש כמעט נפל מרוב צחוק. הוא התיישב כשכפות ידיו צמודות יחד, ואמר: "אָמַה, אי אפשר לעמוד בפנייך ואת בלתי מנוצחת, אני משתחווה לפנייך".

בחיוך נדיב ובחיבה, טפחה אָמַה על ראשו הקירח של האיש, שהיה כבר רכון לפניה.

אהבה ללא תנאי וחמלה

שואל: אָמַה, מה ההגדרה שלך לאהבה ללא תנאי וחמלה?

אָמַה: זה מצב שלגמרי לא ניתן להגדירו.

שואל: אז, מה זה?

אָמַה: זו התרחבות, כמו השמיים.

שואל: האם אלו השמיים הפנימיים?

אָמַה: אין שם פנים וחוץ.

שואל: אז?

אָמַה: ישנה רק אחדות, לכן זה לא ניתן להגדרה.

הדרך הקלה ביותר

שואל: אָמַה ישנן כל כך הרבה דרכים, מהי הקלה ביותר?

אָמַה: הדרך הקלה ביותר היא להיות ליד סָאטְגוּרוּ [מאסטר אמיתי]. להיות ליד סָאטְגוּרוּ זה כמו לטוס בקונקורד. הסָאטְגוּרוּ יוביל אותך במהירות הגדולה ביותר אל עבר המטרה. כל דרך אחרת, שהיא ללא סָאטְגוּרוּ דומה לנסיעה באוטובוס מאסף העוצר במאות תחנות, זה יעכב את התהליך.

הארה, כניעה וחיים בהווה

שואלת: האם זה יתכן שהארה תתרחש ללא גישה של כניעה, לא משנה כמה אינטנסיבית הסָאדַהְנָה [תרגול רוחני] של האדם?

אָמַה: ספרי לאָמַה למה את מתכוונת בסָאדַהְנָה אינטנסיבית? לקיים תרגול רוחני אינטנסיבי זה אומר לקיים זאת בכנות ובאהבה. בשביל זה את צריכה להיות בהווה. כדי להיות נוכחת בהווה, את צריכה לוותר על העבר ועל העתיד. אם את קוראת לזה כניעה, ברגע הזה, כאן ועכשיו, חיים מרגע לרגע או כל מושג אחר הם כולם אחד ואותו הדבר. המושגים יכולים להשתנות, אך מה שקורה בפנים נשאר אותו הדבר. כל תרגול רוחני שנעשה, נועד לעזור לנו ללמוד את השיעור הגדול של לשחרר. מדיטציה אמיתית היא לא פעולה; זהו הגעגוע העמוק של הלב להיות אחד עם העצמי, או עם אלוהים. ובתהליך זה, ככל שנעמיק, האגו יתמתן ונרגיש יותר קלילים. וכך, את מבינה, המטרה העיקרית של סָאדַהְנָה הוא להסיר בהדרגה את התחושות "אני" ו-"שלי". תהליך זה מתואר בדרכים שונות, בשימוש במונחים שונים, זה הכל.

שואלת: כל ההצלחות החומריות בעולם תלויות ברמת האגרסיביות והתחרותיות שיש בך. התנאי להצלחה תלוי בחידוד המיינד והאינטלקט. כל תחושת קהות חושים קלה תידחק אותך לשורה האחורית, ותהיי מחוץ למשחק. נראה שיש הבדל גדול בין עקרונות החיים הרוחניים לבין אלו של חיי העולם הגשמי.

אָמַה: ביתי, צדקת כשאמרת, זה רק נראה שיש הבדל.

שואלת: איך?

אָמַה: מכיוון שלא משנה מי הם או מה הם עושים, רוב האנשים חיים בהווה אך לא באופן מוחלט. כאשר הם שקועים בפעולה או במחשבה, הם כנועים לרגע. אחרת, דברים לא היו מתרחשים. הביטי לדוגמה בנגר. כאשר נגר משתמש בכלי עבודה, אם המיינד שלו לא מרוכז בהווה, יש סיכוי טוב שיפצע.

אז, אנשים חיים בהווה. ההבדל היחיד הוא שלרוב האנשים יש מעט מודעות או שאין להם מודעות ולכן הם נוכחים חלקית בהווה, או שהם לא נוכחים בכלל. מדעי הרוחניות מלמדים אותנו להיות מרוכזים לגמרי בהווה, ללא התחשבות במקום ובזמן. אנשים נשארים תמיד במיינד או באינטלקט, אף פעם לא בלב.

שואלת: אך בשביל להיות בנוכחות מלאה בהווה, האם לא צריך להתעלות מעל האגו?

אָמַּה: כן, אך התעלות מעל האגו לא אומר שתפסיקי לתפקד או תהיי חסרת תועלת. להיפך, את תתגברי על כל חולשותיך. את תעברי התמרה שלמה, והיכולות הפנימיות שלך יקבלו ביטוי באופן מלא. כבת אנוש מושלמת, תהיי מוכנה לשרת את העולם, מבלי לראות הבדלים כלשהם.

שואלת: אז אָמַּה, מה שאת אומרת זה, ביסודו של דבר אין הבדל בין כניעה לבין חיים בהווה?

אָמַּה: כן, הם אחד ואותו הדבר.

גָ'אפַּה מָאלָה וטלפון סלולרי

בעודה הולכת לכיוון אולם התוכנית בליווי ילדיה, אָמַּה שמה לב שאחד הבְּרַהְמַצָ'ארִים [נזירים פרושים] הולך הצידה בכדי לקבל שיחה בטלפון נייד.

כשהבְּרַהְמַצָ'ארִי סיים את השיחה והצטרף אל הקבוצה, אָמַּה ציינה: "זה בסדר אם למחפש הרוחני יש טלפון נייד, כשיש לו אחריויות רבות הדורשות טיפול כמו לארגן את התוכניות של אָמַּה ברחבי המדינה ויצירת קשר עם מתאמים מקומיים. אבל בזמן שאתה מחזיק את הטלפון הנייד ביד אחת, החזק גָ'אפַּה מָאלָה [מחרוזת תפילה] ביד השנייה, שתזכיר לך לא לשכוח לזמר את המנטרה שלך. טלפון נייד נדרש בכדי להיות בקשר עם העולם. השתמש בו, אם זה נחוץ. אך אף פעם אל תאבד את הקשר שלך עם אלוהים. זהו כוח-החיים שלך".

אוּפַּנִישָׁד חי

שואל: כיצד את מתארת סָאטְגוּרוּ [מאסטר אמיתי]?

אָמַה: סָאטְגוּרוּ הנו אוּפַּנִישָׁד [התגלמות האמת הנשגבת, כפי שתואר באוּפַּנִישָׁד (כתבים הודים)] חי.

שואל: מהו תפקידו המרכזי של המאסטר?

אָמַה: המטרה היחידה שלו או שלה הוא לתת השראה לתלמידיו ולהשריש את האמונה ואהבה הנחוצים כדי להגיע אל היעד. להצית את אש החקירה העצמית או אהבה לאלוהים בתלמיד היא בראש ובראשונה המטרה של המאסטר. ברגע שהיא בוערת, המטרה הבאה של המאסטר היא לשמר שהלהבה תבער, כשהוא מגן עליה מלילות סוערים והגשם השוטף של פיתויים לא נחוצים. המאסטר ישמור על התלמיד כמו תרנגולת השומרת על אפרוחיה תחת כנפיה. עם הזמן, התלמיד ילמד שיעורים גדולים יותר של כניעה ואי הצמדות תוך כדי התבוננות וקבלת

השראה מחייו או חייה של המאסטר/ית. דבר זה בסופו של דבר יגיע לשיאו בכניעה מוחלטת והתעלות.

שואל: מעל מה התלמיד מתעלה?

אָמָּה: הטבע הנמוך שלו או שלה, או וָאסַנוֹת [נטיות].

שואל: אָמָּה, איך היית מתארת את האגו?

אָמָּה: רק כתופעה קטנונית, אך כזו שיכולה להיות הרסנית, אם אתה לא זהיר.

שואל: אבל זה לא כלי שימושי ועוצמתי, כשאנו חיים בעולם?

אָמָּה: כן, אם אתה לומד להשתמש בו כראוי.

שואל: למה את מתכוונת ב"כראוי"?

אָמָּה: אָמָּה מתכוונת, שיש לתרגל שליטה נאותה באגו, באמצעות יכולת הבחנה.

שואל: סָאדְהַקִים [מחפשים רוחניים] עושים זאת כחלק מהתרגול הרוחני שלהם נכון?

אָמָּה: כן, אבל סָאדְהַק באופן הדרגתי משיג שליטה על האגו.

שואל: האם זה אומר שאין צורך להתעלות מעל האגו?

אָמָּה: להגיע לשליטה ולהתעלות הם אותו הדבר. במציאות אין מעל מה להתעלות. בדיוק כמו שהאגו אינו אמיתי, גם ההתעלות אינה אמיתית. רק האַטְמָאן [העצמי] הוא אמיתי. השאר הוא רק צללים, כמו עננים המכסים את השמש. הם לא אמיתיים.

שואל: אך צללים נותנים לנו צל. אי אפשר לקרוא להם לא אמיתיים, לא?

אָמָּה: נכון. אי אפשר לקרוא לצל לא אמיתי. יש לו מטרה, הוא נותן צל. אך אל תשכח את העץ, שהוא המקור לצל. הצל איננו יכול להתקיים ללא העץ, אך העץ קיים, גם ללא הצל. לכן הצל איננו אמיתי. זוהי בעצם מאיה [אשליה]. המיינד, או האגו, לא לא-אמיתי ולא אמיתי. למרות זאת, קיומו של האַטְמָאן אינו תלוי בשום מקרה באגו.

לדוגמה, אדם ובנו צועדים בשמש. כדי להגן על עצמו מפני החום, הילד הולך אחרי אביו, והצל משמש לו כסוכך. בני, אתה צודק, אי אפשר לקרוא לצל לא אמיתי , אך הוא גם אינו אמיתי. אך למרות זאת יש לו תכלית. באופן דומה, למרות שהאגו לא אמיתי ולא לא-אמיתי, יש לו תפקיד- והוא להזכיר לנו את המציאות העליונה, האַטְמָאן, המשמש כתשתית לאגו.

בדיוק כמו הצל, גם העולם וגם האגו אינם יכולים להתקיים ללא אַטְמָאן. אַטְמָאן מציע את התמיכה ונושא את הקיום כולו.

שואל: אָמַה, אם נחזור לנושא ההתעלות- אמרת שבדיוק כמו שהאגו איננו אמיתי, גם ההתעלות מעבר לאגו איננה אמיתית. אם כך, מהו התהליך הזה של התגלות-עצמית או הארה?

אָמַה: בדיוק כפי שהאגו איננו אמיתי, כך גם התהליך של התעלות מעל האגו רק נראה כמתרחש. אפילו הביטוי "התגלות-עצמית" הוא מוטעה, מכיוון שאין העצמי זקוק להתגלות. זה אשר תמיד נשאר כפי שהוא בכל שלושת תקופות הזמן, איננו זקוק לעבור תהליך שכזה.

כל ההסברים בסופו של דבר מובילים אותך להבנה, שכל ההסברים הם חסרי משמעות. לבסוף אתה תבין ששום דבר לא היה קיים מלבד האַטְמָאן, ובעצם לא היה שום תהליך כלל.

למשל, ישנו מעיין יפהפה של מים אלוהיים באמצע יער דחוס. יום אחד אתה מגלה אותו, שותה מהמים ומשיג חיי אלמוות. המעיין תמיד היה שם, אך לא ידעת זאת אף פעם. באופן פתאומי, הפכת ער אליו, מודע לקיומו. אותו הדבר קורה עם המקור הפנימי לשָׁאקְטִי [אנרגיה] טהור. כאשר אתה מחפש והכמיהה שלך להכיר את העצמי גדלה, מתרחשת התגלות ואתה נפגש עם המקור הזה. ברגע שנוצר החיבור מגיעה גם התובנה שמעולם לא היית מנותק מהמקור.

למשל, ביקום יש אוצרות עצומים החבויים בחיקו. ישנן אבני חן יקרות מפז, שיקויי קסמים, תרופות המרפאות-כל, ידע יקר ערך הקשור להיסטוריה של האנושות, שיטות לפתירת המסתורין של היקום ועוד. מה שמדעני העבר, ההווה והעתיד יכולים לגלות הוא רק חלק מזערי ממה שהיקום באמת מכיל בתוכו. שום דבר אינו חדש. כל התגליות הן רק תהליך של הסרת הכיסוי. באותו אופן, האמת הנשגבת נשארת עמוק בתוכנו, כאילו מכוסה. תהליך הסרת הכיסוי מוכר כסַדְהָאנַה [תרגול רוחני].

לכן, מנקודת המבט של הפרט, ישנו תהליך של התגלות-עצמית ובעקבות זאת ישנה גם התעלות.

שואל: אָמָּה, כיצד את מסבירה התעלות בסיטואציות השונות של היום יום?

אָמָּה: התעלות מתרחשת רק כאשר אנו מגיעים למספיק בגרות והבנה. אלו מגיעים באמצעות תרגולים רוחניים והתמודדות עם החוויות וסיטואציות השונות של החיים, בגישה חיובית ומידה מסוימת של פתיחות. דבר זה יעזור לנו להשיל את התפיסות המוטעות שלנו ולצעוד מעבר להן. אם תשים לב, תבין שהשלה זו והתעלות מעבר לדברים הקטנים, לתשוקות גשמיות והיקשרויות, הן חוויה רגילה בחיי היום-יום שלנו.

ילד תמיד אוהב לשחק עם המשחקים שלו, למשל עם בובת השימפנזה שלו. הוא אוהב את הבובה שלו כל כך שהוא לוקח אותה איתו לאורך כל היום. בזמן שהוא משחק איתה הוא אפילו שוכח לפעמים לאכול. ואם אמו מנסה לקחת את הבובה ממנו הוא נסער כל כך, עד שמתחיל לבכות. הילד הקטן אפילו נרדם תוך כדי שהוא מחבק את הבובה. רק אז יכולה האם לקחת את הבובה ממנו.

אך יום אחד האם רואה את כל המשחקים נטושים בפינה בחדר, כולל את השימפנזה שהילד הכי אוהב. באופן פתאומי הילד נגמל מהם, הוא התעלה מעבר למשחקים. אפשר אפילו לראות אותו מחייך, כשהוא מסתכל על ילד אחר, המשחק עם המשחקים. הוא בטח חושב: "תראו את הילד הזה, משחק עם משחקים". הוא אפילו שכח, שגם הוא, היה פעם ילד.

במקרה של הילד, הוא עוזב את המשחקים ונאחז במשהו יותר מתקדם, אולי תלת אופן. אך לא יעבור זמן רב הוא יתעלה גם מעבר לזה וירכב על אופניים. ואז, לבסוף, יתכן והוא ירצה אופנוע, מכונית וכדומה. אך על סָאדְהַק לפתח את היכולת וההבנה על מנת להתעלות מעל כל דבר המגיע בדרכו או דרכה ולהאחז רק בנַעֲלֶה.

מאיה

שואל: אָמַה, מהי מאיה? איך את מגדירה זאת?

אָמַה: המיינד הנו מאיה. חוסר היכולת של המיינד לתפוס את העולם כארעי ומשתנה, מוכר כמאיה.

שואל: נאמר גם שהעולם הגשמי הזה הוא מאיה.

אָמַה: נכון, בגלל שהוא הקרנה של המיינד. זה אשר מונע מאיתנו לראות את המציאות הזו היא מאיה.

אריה עשוי מעץ הוא אמיתי עבור ילד, אך עבור אדם בוגר זוהי רק חתיכת עץ. עבור הילד, העץ מוסווה והוא רואה רק את האריה. ייתכן וההורים גם נהנים מהאריה אך הם יודעים שהוא לא אמיתי. עבורם, העץ הוא אמיתי לא האריה. באותו אופן, לנשמה מוארת, היקום כולו הוא שום דבר חוץ מֵהַמַּהוּת, ה"עץ" המכיל את הכל, הבְּרָהְמַן המוחלט, או תודעה.

אתאיסטים

שואלת: אָמַה, מהי דעתך על אתאיסטים?

אָמַה: אין זה משנה אם מישהו מאמין באלוהים או לא, כל עוד הוא או היא משרתים את החברה כהלכה.

שואלת: לא ממש אכפת לך, נכון?

אָמַה: לאָמַה אכפת מכל אחד.

שואלת: אך האם את חושבת שהדעות שלהם נכונות?

אָמַה: מה זה משנה מה אָמַה חושבת, כל עוד הם עדיין מאמינים בדעותיהם?

שואלת: אָמַה, את מתחמקת מבלי לענות לשאלה שלי.

אָמַה: ובתי, את רודפת אחרי אָמַה לקבל את התשובה שאת רוצה.

שואלת: (צוחקת) אוקי אָמַה, אני רוצה לדעת אם אתאיזם הוא רק תרגיל אינטלקטואלי או שיש איזשהו היגיון במה שהם אומרים.

אָמַה: היגיון או חוסר היגיון תלוי בגישה שלך. אתאיסטים נחושים באמונתם שאין כוח עליון, או אלוהים. למרות זאת, ישנם אחדים האומרים זאת רק בפומבי, כאשר בתוכם הם אכן מאמינים.

אין שום דבר מיוחד בתרגילים אינטלקטואלים שכאלה. בן אדם חד אינטלקטואלית יכול לכאורה להוכיח או להפריך את קיומו של אלוהים. אתאיזם מבוסס על היגיון. כיצד תרגיל אינטלקטואלי יכול להוכיח או להפריך את קיומו של אלוהים, אשר נמצא מעבר לתחום האינטלקט?

שואלת: אם כך, אָמַה, את אומרת שדעותיהם על אלוהים שגויות, לא?

אָמַה: אם מדובר בדעותיהם או בדעותיהם של אחרים, דעות על אלוהים חייבות להיות שגויות, מכיוון שאי אפשר לבחון את אלוהים מזווית מסוימת. אלוהים מופיע רק כשכל הדעות נעלמות. אפשר להשתמש בהיגיון אינטלקטואלי בכדי לבסס או להפריך משהו, אך אין זאת תמיד האמת.

נניח שאת אומרת: "ל-א' אין כלום בידיו. גם ל-ב' אין כלום בידיו. אני גם לא רואה כלום בידיו של ג', לכן לאף אחד אין כלום בידיים." זה הגיוני ונשמע נכון, אך האם זה כך? כך גם עבור מסקנות אינטלקטואליות.

האתאיסטים של היום מבזבזים הרבה מזמנם בניסיון להוכיח את אי-הקיום של אלוהים. אם הם כה נחושים באמונתם, מדוע הם דואגים כל כך? במקום להיכנס לויכוח אינטלקטואלי שהוא הרסני, כדאי שיעשו משהו מועיל לחברה.

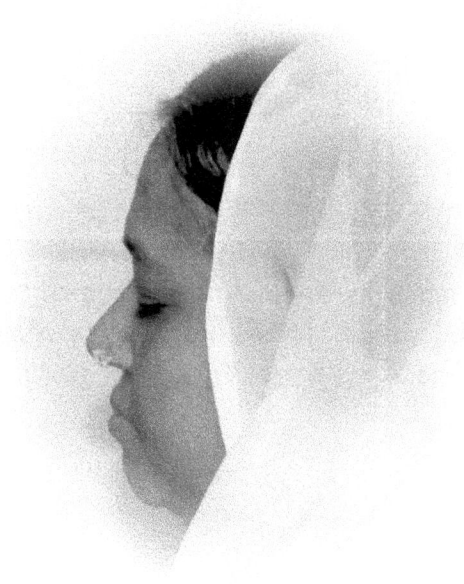

שלווה

שואלת: מה היא שלווה במילותיה של אָמַה?

אָמַה: את שואלת מהי שלווה פנימית או שלווה בחוץ?

שואלת: אני רוצה לדעת מהי שלווה אמיתית.

אָמַה: ביתִי, קודם אמרי לי מה הניסוח שלך לשלווה אמיתית.

שואלת: אני חושבת ששלווה היא אושר.

אָמַה: אז מהו אושר אמיתי? האם זה אושר כשאת מקבלת את מה שאת משתוקקת אליו, או יש לך הסבר אחר?

שואלת: ממממ... זה מצב-רוח שמגיע כשרצונותיך מתגשמים, נכון?

אָמַה: אבל אותו מצב-רוח נעלם מהר. את מאושרת כשאת מקבלת את מה שאת רוצה. אבל מהר מאוד מתחשק לך משהו אחר ואת מוצאת את עצמך רצה אחריו. זה תהליך ללא סוף, נכון?

שואלת: נכון. אז אושר פנימי הוא אושר אמיתי?

אָמַה: אוקי. אבל איך את מרגישה אושר פנימי?

שואלת: (צוחקת) את דוחקת אותי בפינה.

אָמַה: לא. אנחנו מתקרבות לתשובה שאת מחפשת. אמרי לי בִּיתִי, איך זה אפשרי להיות מאושר, כשהמיינד אינו רגוע? או שאת חושבת, שתחושת רוגע ושלווה כשאת אוכלת שוקולד וגלידה זו שלווה אמיתית?

שואלת: (צוחקת) הו לא. את צוחקת עליי.

אָמַה: לא ,ביתי. אָמַה רצינית.

שואלת: (חושבת) זה לא שלווה ולא אושר. זו רק סוג של התרגשות או משיכה.

אָמַה: האם משיכה זאת נשארת איתך הרבה זמן?

שואלת: לא. היא באה והולכת.

אָמַה: אז אמרי לאָמַה, האם הרגשה שבאה והולכת יכולה להיקרא אמיתית או קבועה?

שואלת: לא באמת.

אָמַה: אז איך תקראי לה?

שואלת: זו שבאה והולכת נקראת "זמנית" או "חולפת".

אָמַה: מאחר ואמרת זאת, אשאל אותך שאלה: האם היו לך רגעים בחייך בהם חווית שלווה ללא סיבה מיוחדת?

שואלת: (אחרי כמה רגעים של מחשבה) כן, פעם ישבתי בחצר הבית שלי, מביטה בשמש השוקעת. זה מילא את ליבי בעונג לא ברור. באותו רגע יפה פשוט ריחפתי

למצב של אי-חשיבה, והרגשתי שלווה ושמחה בתוכי. כשאני משחזרת את הרגע הזה, אפילו כתבתי שיר המתאר את אותה חוויה.

אָמַה: בּיתִי, זו התשובה לשאלה שלך. שלווה מתרחשת כאשר המיינד שקט, עם מעט מחשבות. פחות מחשבות, משמע יותר שלווה. והרבה מחשבות, משמע פחות שלווה. שלווה ואושר ללא סיבה הם שלווה ואושר אמיתיים. שלווה ואושר הן מילים נרדפות. ככל שאת יותר פתוחה, כך את יותר שלווה ומאושרת, וההפך. ללא שליטה במיינד, שלווה אמיתית קשה להשגה. למצוא שלווה פנימית היא הדרך למצוא שלווה חיצונית. על המאמצים הפנימיים והחיצונים ללכת יד ביד.

שואלת: אָמַה, איך את מתארת שלווה בהיבט רוחני?

אָמַה: אין הבדל בין שלווה רוחנית לשלווה ארצית. כמו שאהבה היא אחת, כך גם שלווה. כן, יש הבדל ברמה. זה תלוי עד כמה עמוק את נכנסת פנימה. תארי לעצמך שהמיינד הוא אגם. המחשבות הן האדוות על המים. כל מחשבה או תנועת זעזוע היא כמו אבן שנזרקת אל האגם, ויוצרת אדוות רבות. מיינד מדיטאטיבי יהיה כמו פרח לוטוס, צף על המים. אדוות המחשבה עדיין יהיו שם אך הלוטוס לא מושפע. הוא ימשיך לצוף.

"עזבו אותי! אני רוצה שקט!" הוא משפט שאנו שומעים רבות. לעיתים באמצע ריב, או כשלמישהו נמאס ממישהו או משהו. אבל האם זה אפשרי? גם אם נעזוב את אותו אדם, הוא לא ירגיש שלווה או יהיה אי-פעם באמת לבד. מאחורי הדלת הסגורה הוא ימשיך להרהר על מה שקרה, וימשיך לרתוח ולבעבע מבפנים. הוא שוב יהיה בעולם של מחשבות מטרידות. שלווה אמיתית היא תחושה עמוקה המציפה את הלב כשאנו משוחררים ממחשבות על העבר. שלווה אינה ההפך מסערה. היא הֶעְדֵּרָהּ של סערה. זהו לחלוטין מצב של רוגע ונינוחות.

השיעור הגדול ביותר בחיים

שואל: מהו השיעור החשוב ביותר שיש ללמוד בחיים?

אָמַּה: היה קשור לעולם, בעזרת גישה של אי היקשרות.

שואל: איך היקשרות ואי היקשרות יכולים לבוא ביחד?

אָמַּה: קשור והפרד כפי שתרצה, פעל, ואז שחרר והמשך קדימה... פעל שוב, ואז שחרר והמשך קדימה. מטען עודף יהפוך את המסע שלך ללא נוח נכון? באותו אופן מטען עודף של חלומות, רצונות והיקשרויות ללא הבחנה יהפכו את מסע החיים שלך לאומלל ביותר.

אפילו קיסרים, רודנים ושליטים גדולים סובלים מאוד בסוף חייהם, מכיוון שהם נושאים מטען עודף שכזה בחייהם. רק אומנות אי היקשרות תעזור לך להיות במצב תודעתי של מנוחה בזמן זה.

אלכסנדר היה לוחם ושליט גדול שכבש כמעט שליש מהעולם. הוא רצה להפוך לקיסר של העולם כולו אך הוכרע בקרב, ונפל למשכב עם מחלה סופנית. ימים ספורים לפני מותו קרא אלכסנדר לשריו והסביר להם כיצד רצה שיקברו אותו.

הוא אמר להם, שיעשו עבורו פתחים בשני צידי ארון הקבורה, דרכם עליהם למקם את זרועותיו עם כפות הידיים הפונות כלפי מעלה. שריו שאלו אותו למה הוא רצה לעשות זאת. אלכסנדר ענה שבאופן זה כולם ידעו שאלכסנדר הגדול, אשר שאף כל חייו לכבוש ולשלוט בעולם כולו, עזב את העולם לגמרי בידיים ריקות. הוא אפילו לא לקח את הגוף שלו איתו. כך הם יבינו עד כמה זה חסר ערך לבלות חיים שלמים בלרדוף אחרי העולם ומושאיו.

אחרי הכל, בסוף אנחנו לא יכולים לקחת שום דבר איתנו, אפילו לא את גופנו. אז מה הטעם בלהרגיש קשור יתר על המידה?

אמנות ומוזיקה

שואל: אָמַה, כאמן ומוזיקאי הייתי רוצה לדעת מה צריכה להיות הגישה כלפי המקצוע שלי ואיך לבטא יותר ויותר מכשרונותיי המוזיקליים?

אָמַה: אמנות היא יופיו של אלוהים הנגלה במוזיקה, ציור, ריקוד וכו'. זוהי אחת מהדרכים הקלות ביותר לגלות את האלוהות הפנימית שלך.

ישנם צדיקים רבים אשר מצאו את אלוהים דרך מוזיקה, כך שאתה מבורך במיוחד בהיותך מוזיקאי. בנוגע לגישתך כלפי המקצוע שלך: תהיה מתחיל , כמו ילד אל מול אלוהים, אל מול האלוהי. זה יאפשר לך להתחבר אל האפשרויות האינסופיות של המיינד שלך. דבר זה בתורו יאפשר לך להפגין יותר ויותר את כשרונותיך המוזיקליים בצורה עמוקה הרבה יותר.

שואל: אבל אָמַה, איך להיות ילד, להיות מתחיל?

אָמַה: פשוט בקבלה וזיהוי הבורות שלך, אתה הופך באופן אוטומטי למתחיל.

שואל: אני מבין את זה אבל אני לא בור לחלוטין, אני מוזיקאי בעל הכשרה.

אָמַה: כמה הכשרה יש לך?

שואל: למדתי מוזיקה במשך שש שנים ואני מופיע כבר 14 שנה.

אָמַה: כמה גדול הוא החלל?

שואל: (נשמע קצת מבולבל) אני לא מבין את השאלה שלך.

אָמַה: (מחייכת) אתה לא מבין את השאלה מכיוון שאתה לא מתמצא בחלל, הלא כן?

שואל: (מושך בכתפיו) אולי.

אָמַה: אולי?

שואל: אבל מה הקשר בין השאלה שלי והשאלה שלך של "כמה גדול החלל?"

אָמַּה: יש קשר. מוזיקה טהורה היא עצומה כמו החלל. זהו אלוהים, זהו ידע טהור. זה הסוד שמאפשר לקול הטהור של היקום לזרום דרכך. אינך יכול ללמוד מוזיקה גם לא בעשרים שנה. ייתכן ואתה שר כבר 20 שנה, אך להבין באמת מוזיקה משמעו להבחין כי המוזיקה היא ה'עצמי' שלך. כדי להבחין כי המוזיקה היא ה'עצמי' שלך, עליך לאפשר למוזיקה להשתלט עליך לגמרי. כדי שיותר מוזיקה תשכון בלבך, עליך ליצור יותר מרחב בתוכך. יותר מחשבות משמעו פחות מרחב. כעת, הרהר בזאת: "כמה מרחב זמין יש לי בפנים, בשביל מוזיקה טהורה?"

אם אתה באמת רוצה לבטא יותר ויותר את כשרונותיך המוזיקליים, הפחת את כמות המחשבות המיותרות ואפשר ליותר מרחב עבור האנרגיה של המוזיקה לזרום דרכך.

מעיין נובע של אהבה

שואל: אָמַה, כיצד אדם לומד להכיל אהבה טהורה ותמימה, כפי שאת אומרת?

אָמַה: ניתן ללמוד רק משהו שהוא זר לך. אך אהבה היא הטבע האמיתי שלך. בתוכך, יש מעיין של אהבה. נצל מקור זה בצורה הנכונה ושָׁאקְטִי [אנרגיה] של אהבה אלוהית תמלא את ליבך ותתרחב בלי גבול בתוכך. אתה לא יכול לגרום לזה לקרות, אתה יכול רק ליצור את הגישה הנכונה בתוכך כדי שזה יקרה.

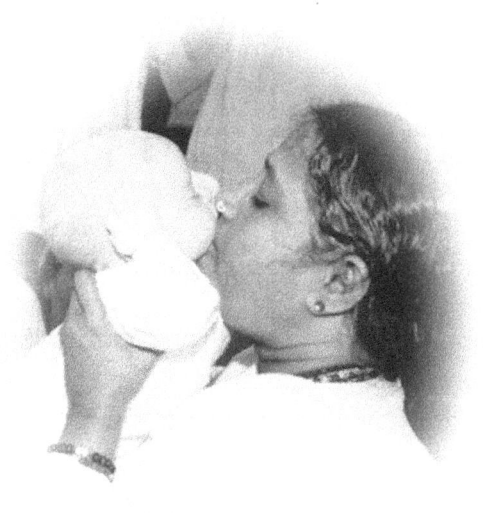

מדוע את מחבקת?

שואל: אָמַה, את מחבקת את כולם, מי מחבק אותך?

אָמַה: הבריאה כולה מחבקת את אָמַה. במציאות, הבריאה ואָמַה מחובקות בחיבוק אינסופי.

שואל: אָמַה, למה את מחבקת אנשים?

אָמַה: זה כמו לשאול את הנהר "למה אתה זורם?"

כל רגע שיעור יקר ערך

במהלך הבוקר התקיים דַארְשָׁן. אָמַה בדיוק סיימה לענות לשאלות ילדיה והיה תור ארוך. התנשפתי עמוק והתכוננתי לקחת הפסקה, כאשר דָּבֵק אחד לפתע התקדם ונתן לי פתק. היתה זו שאלה נוספת. למען האמת התעצבנתי קצת. אך למרות זאת לקחתי ממנו את הפתק ושאלתי :"האם אתה יכול לחכות עד מחר? סיימנו להבוקר." הוא אמר: "זה חשוב. למה שלא תשאל עכשיו?" חשבתי, או אולי דמיינתי שהוא בא בדרישות. עניתי בתוקפניות "האם אני צריך להסביר לך את זה?".

הוא לא ויתר. "אתה לא חייב, אבל למה שלא תשאל את אָמַה? אולי אָמַה מוכנה לענות על השאלה שלי." באותה נקודה פשוט התעלמתי ממנו והסתכלתי לכיוון השני. אָמַה נתנה דַארְשָׁן . הויכוח שלנו התרחש מאחורי כסא הדַארְשָׁן. שנינו דיברנו בשקט אך בנחישות.

לפתע אָמַה הסתובבה אלי ושאלה "האם אתה עייף? מרגיש ישנוני? אכלת משהו?" הופתעתי מאוד ובו בזמן הרגשתי בושה מכיוון שהיא שמעה את השיחה. למעשה התנהגתי בטיפשות, הייתי צריך לדעת טוב יותר. למרות שאָמַה נתנה דַארְשָׁן ודיברנו בשקט, עיניה, אוזניה, וכל גופה רואה, שומע ומרגיש הכל.

אָמַה המשיכה "אם אתה עייף תצא להפסקה, אך קודם-כל קבל את השאלה של בני. למד להיות מתחשב. אל תהיה אובססיבי למה שאתה מרגיש שנכון."

התנצלתי בפני האיש ותרגמתי את שאלתו. אָמַה התייחסה באהבה לבעייתו, והאיש עזב כשהוא מסופק. כמובן ששאלתו היתה חשובה, כפי שהוא אמר.

לאחר שעזב, אָמַה אמרה: "תראה בני, כשאתה מגיב למישהו, אתה טועה, ולרוב הם צודקים. הוא או היא, נמצאים במצב תודעתי טוב יותר, בעלי בהירות להתבונן בסיטואציה. תגובה הופכת אותך לעיוור. הגישה המגיבה שלך איננה עוזרת לך לראות אחרים או להתחשב ברגשותיהם. לפני שאתה מגיב בסיטואציה מסוימת, האם אתה מסוגל לעצור ולהגיד לאדם השני: 'תן לי מעט זמן לפני שאענה לך, תן לי להרהר במה שאמרת. אולי אתה צודק ואני טועה?' אם יש לך את האומץ להגיד זאת, אתה לפחות מתחשב ברגשותיו של האדם השני. זה ימנע מאירועים לא נעימים רבים להתעורר מאוחר יותר."

הייתי עד לעוד שיעור יקר מפז מהמאסטרית הגדולה. זה הביא אותי לידי צניעות וענווה.

להבין אדם מואר

שואל: האם זה אפשרי להבין מַהַאטְמָה עם המיינד שלנו?

אָמַה: קודם כל, אי אפשר להבין מָהַאטְמָה. אפשר רק לחוות אותו או אותה. המיינד אינו יכול לחוות שום דבר כמו שהוא עם הטבע הלא יציב והספקן שלו, אפילו אם זה אובייקט גשמי. למשל, אם אתה רוצה באמת לחוות פרח, המיינד עוצר ומשהו מעבר לו מתחיל לפעול.

שואל: אָמַה, אמרת "המיינד עוצר ומשהו מעבר לו מתחיל לפעול". מהו הדבר הזה?

אָמַה: קרא לו הלב, אבל זהו מצב של שקט זמני עמוק- דממה של המיינד, עצירה בזרם המחשבות.

שואל: אָמַה, כשאת אומרת 'מיינד', למה את מתכוונת? האם משמעו רק המחשבות או יותר מכך?

אָמַה: המיינד כולל זיכרון, זהו המחסן של העבר, של חשיבה, ספקות, החלטות ותחושת ה"אני".

שואל:מה עם כל הרגשות?

אָמַה: גם הם חלק מהמיינד.

שואל: אוקיי, אז כשאת אומרת "המיינד אינו יכול להבין מָהַאטְמָה", את מתכוונת שהמנגנון המורכב הזה אינו יכול לדעת את המצב שבו נמצא המָהַאטְמָה?

אָמַה: נכון. המיינד האנושי הוא מאוד ערמומי ולא צפוי. חשוב ביותר עבור מחפש האמת לדעת שהיא או הוא אינו יכול לזהות סָאטְגוּרוּ [מאסטר אמיתי]. אין מאפיינים לכך. שיכור יכול לזהות שיכור אחר. באותו אופן שני מהמרים יזהו אחד את השני. קמצן אחד יכול לזהות אחד אחר, הם כולם באותו שיעור קומה

מנטאלי. אך אין אף מאפיין כזה, שזמין לזיהוי סָאטְגוּרוּ. העיניים החיצוניות וגם המיינד שלנו אינם יכולים לתפוס ישות נשגבת. דרוש לכך תרגול מסוים, וזוהי סַדְהָאנַה [תרגול רוחני]. רק סַדְהָאנַה תמידית תסייע לנו להשיג את היכולת לחדור וללכת אל מעבר לפני השטח של המיינד. ברגע שאתה נכנס מתחת לפני השטח של המיינד, תתייצב אל מול אינספור שכבות של רגשות ומחשבות. כדי לעבור דרך ומעבר לאותן רמות מורכבות, גסוֹת ומעודנות של המיינד, הסָאדְהַק [מחפש רוחני] זקוק להדרכה מתמדת של סָאטְגוּרוּ. כניסה לרמות העמוקות של המיינד, לעבור את השכבות השונות ולצאת מהן בהצלחה ידוע כטָאפָּאס [סגפנות/משמעת]. דבר זה, כולל ההתעלות הסופית, אפשרי רק באמצעות חסד ללא תנאי של הסָאטְגוּרוּ.

למיינד תמיד יש ציפיות. עצם קיומו של המיינד נמצא בציפייה. מַהַאטְמָה לא יענה לציפיות ותשוקות של המיינד. על מנת לחוות את המודעות הטהורה של המאסטר, על טבע זה של המיינד להעלם.

אָמַה, האנרגיה הבלתי נדלית

שואל: אָמַה, האם אי פעם את רוצה להפסיק לעשות את העבודה שאת עושה?

אָמַה: מה שאָמַה עושה אינו עבודה. זהו פולחן. בפולחן יש רק אהבה טהורה. לכן זו אינה עבודה. אָמַה סוגדת לילדיה כאלוהים. ילדים! אתם אלוהים של אָמַה. אהבה אינה מורכבת. אהבה היא פשוטה, ספונטנית ולחלוטין טיבענו המהותי. לכן, זו אינה עבודה. עבור אָמַה לחבק באופן אישי את ילדיה, היא הדרך הפשוטה להביע את אהבתה אליהם ואל כל הבריאה. עבודה מעייפת, ומכלה את כוחותיך, בעוד אהבה לעולם לא תעייף או תשעמם. להפך, היא ממלאת את ליבך בעוד ועוד כוחות. אהבה אמיתית גורמת לך להרגיש קל כמו פרח. לא תרגיש כבדות או עול. האגו יוצר את העול. השמש לעולם אינה פוסקת להאיר. הרוח ממשיכה לנשוב לנצח והנהר לעולם אינו פוסק לזרום באומרו " די! מספיק! עשיתי זאת כל כך הרבה שנים. עכשיו זה זמן לשנות" לא. הם אינם יכולים להפסיק. הם ימשיכו כל עוד העולם קיים. כי זהו טבעם. באותו אופן, אָמַה אינה יכולה להפסיק לאהוב את ילדיה. שעמום נוצר רק כשאין אהבה. אז אתה רוצה להמשיך ולשנות. לשנות מקום, לעבור מדבר לדבר. ואילו באהבה אין דבר שמזדקן. הכל נשאר תמיד חדש וטרי. עם זאת, עבור אָמַה, הרגע הזה לעולם יותר חשוב ממה שיש לעשות מחר.

שואל: אם כך זאת אומרת שאת תמשיכי לתת דָארְשָן עוד שנים רבות?

אָמַה: כל עוד ידיים אלו ימשיכו לזוז קצת, ימשיכו להיות מושטות אל אלה הבאים אליהן וכל עוד נשאר קצת כוח ואנרגיה לשים את ידיה על כתפיו של אדם בוכה, ללטף ולנגב את הדמעות, אָמַה תמשיך לתת דָארְשָן. באהבה ללטף, לנחם, לנגב דמעות, עד סופו של גוף בן תמותה זה, זו משאלתה של אָמַה. אָמַה נותנת דָארְשָן ב- 35 שנה האחרונות, ובחסד הפַּארַמְאַטְמָן [נשמה נעלה], אָמַה לא ביטלה עד כה אף דָארְשָן או תוכנית בגלל מכאוב. אָמַה אינה דואגת לרגע הבא. אהבה היא בהווה. אושר הוא בהווה, אלוהים זה בהווה וכך גם הארה. לכן, למה לדאוג ללא

הכרח לעתיד? מה שקורה עכשיו הרבה יותר חשוב ממה שיקרה. כשההווה הוא כה יפה וכה מלא, למה לדאוג לעתיד? ניתן לעתיד לְהִפָּרֵשׁ מעצמו מתוך ההוה.

הבן האובד נמצא

דר' ג'אגו הוא תושב האשראם של אָמַּה בהודו. לאחרונה משפחתו נתנה לו את סכום הכסף הדרוש לנסוע עם אָמַּה לאירופה. עד שאושרה לו הויזה, כבר היה מאוחר מדי, אָמַּה והקבוצה המלווה כבר היו באירופה. אך כולנו שמחנו שג'אגו עומד להצטרף באנטוורפן, בלגיה.

זה היה הטיול הראשון של ג'אגו מחוץ להודו. הוא אף פעם לא טס במטוס לפני כן. כך שמראש דאגנו לאסוף אותו משדה התעופה. דָּבֵקים חיכו מחוץ לשדה התעופה עם מכונית, אך ג'אגו לא יצא. רשות שדה התעופה אישרו שנוסע בשם ג'אגו היה על טיסה מלונדון-הית'רו. אמרו שנחת בשדה התעופה הבינלאומי בבריסל בסביבות השעה 16:00. ארבע שעות עברו מזמן הטיסה, אך עדיין לא היה מידע לגבי דר' ג'אגו.

בשיתוף פעולה עם עובדי שדה התעופה, הדָּבֵקים המקומיים חיפשו אותו בכל השדה. במערכת הכריזה קראו בשמו כמה פעמים. לא היתה שום תגובה, ולא היה שום סימן מדר' ג'אגו בשום מקום.

בסופו של דבר כולם נטו לחשוב שדר' ג'אגו הלך לאיבוד איפשהו, בשדה התעופה העצום, או ברחבי העיר בריסל, בניסיון נואש להגיע לבדו לתכנית של אָמַּה.

בינתיים אָמַּה התאמנה בשמחה על שירת כמה בְּהַגַ'נִים חדשים, כשהיא יושבת ברוגע בתוך כל הקבוצה. משום שכולם התחילו להיות קצת מודאגים עם היעלמותו הלא צפויה של ג'אגו, ניגשתי לאָמַּה וסיפרתי לה את החדשות בעוד היא שרה. ציפיתי ממנה שתפגין דאגה אימהית משתפכת. אך לתדהמתי אָמַּה פשוט הסתובבה ואמרה, "קדימה, שירו את השיר הבא". עבורי זה היה סימן חיובי. כשראיתי את אָמַּה נשארת קרירה כמו מלפפון, אמרתי לדָּבֵקים, "אני חושב שג'אגו בטוח לחלוטין, בגלל שאָמַּה כל כך רגועה. לו היתה בעיה כלשהי, היא היתה מודאגת יותר."

כמה דקות מאוחר יותר הופיע בְּרַהמַצָ'ארִי דָאיְאַמְרִיטָה והכריז, "ג'אגו הופיע ממש עכשיו מול השער." בו-זמנית כמעט, הופיע דר' ג'אגו עם חיוך גדול על פניו הקטנים.

למעשה, לפי סיפור ההרפתקאות שג'אגו סיפר, הוא ממש הלך לאיבוד. הוא סיפר, "כשיצאתי משדה התעופה, לא היה שם איש. לא ידעתי מה לעשות. למרות שהייתי קצת מודאג, שכנה בי אמונה חזקה שאָמַה תשלח מישהו לחלץ אותי מהסיטואציה הלא מוכרת הזאת. למזלי היתה לי הכתובת של מקום התוכנית. זוג אחד ריחם עלי ועזר לי להגיע לכאן."

אָמַה אמרה, "אָמַה ידעה טוב מאוד שאתה בסדר ושתמצא את הדרך לכאן. ולכן אָמַה נשארה רגועה כשאמרו לה שהלכת לאיבוד."

מאוחר יותר באותו ערב, שאלתי את אָמַה איך היא ידעה שג'אגו בסדר. היא ענתה, "אָמַה פשוט ידעה."

"אבל איך?" סקרנותי התעוררה.

אָמַה ענתה, "ממש כמו שאתה רואה את דמותך בראי, אָמַה ראתה שהוא בטוח."

שאלתי, "ראית את ג'אגו מקבל עזרה או שעוררת השראה בזוג שעזר לו?" אָמַה יותר לא ענתה, למרות שניסיתי עוד פעמיים.

אלימות

שואל: אָמַה, האם אלימות או מלחמה יכולים להיות אמצעי להשיג שלום?

אָמַה: מלחמה אינה יכולה לשרת ככלי להשיג שלום. זו אמת טהורה, שגילתה לנו ההיסטוריה. ללא שינוי תודעתי, שלום ישאר חלום רחוק. רק חשיבה רוחנית וחיים רוחניים יביאו לשינוי. ולכן לא נוכל לתקן מצב מסוים אם נפתח במלחמה. שלום ואלימות הם ניגודים. אלימות היא תגובה חזקה, ולא מַעֲנֶה. תגובה גוררת עוד תגובות. זה הגיון פשוט. אָמַה שמעה שבאנגליה היתה שיטה יוצאת דופן לענישת גנבים. כשהביאו את הנאשם להכרעה, הם הפשיטו את הגנב בפני קהל רב. המטרה היתה להראות לעיר כולה את העונש החמור שיקבלו אם יבצעו פשע. למרות זאת, הם היו צריכים לשנות את השיטה, מפני שזו אפשרה הזדמנויות נפלאות לכייסים. הם ניצלו את הזמן הזה לכייס את אלה שנשארו מרותקים להתרחשות. אזור הענישה הפך לקרקע פוריה לפשעים חדשים.

שואל: האם זה אומר, שלא צריך להיות עונש בכלל?

אָמַה: לא לא, בכלל לא. מפני שרוב אוכלוסיית העולם, אינה יודעת להשתמש בחופש באופן שתורם לחברה, מידה מסוימת של פחד- "אם לא אציית לחוק, אענש"- היא טובה. בניגוד לכך, בחירה בדרך של אלימות ומלחמה כדי לכונן שלום והרמוניה בחברה, לא תביא לתוצאה שמחזיקה לאורך זמן. פשוט משום שאלימות יוצרת פצעים עמוקים ורגשות פגועים במיינד של החברה, שבשלב מאוחר יותר יהפכו לעימות ואלימות רבה יותר.

שואל: אז, מה הפתרון?

אָמַה: עשה כל שביכולתך להרחיב את התודעה הפרטית שלך. רק תודעה רחבה מסוגלת באמת להבין. רק אנשים כאלו יהיו מסוגלים לשנות את נקודת המבט של החברה כולה. ולכן רוחניות היא כל כך חשובה בעולם של ימינו.

בורות היא הבעיה

שואל: האם יש הבדל בין בעיות של אנשים בהודו לבין אנשים במערב?

אָמַה: מנקודת מבט חיצונית, הבעיות של אנשים בהודו ואנשים במערב שונות. למרות זאת, הבעיות המהותיות, שורש כל הבעיות, בכל העולם הוא דומה. זוהי בורות, בורות בנוגע לאַטְמָאן (עצמי), בנוגע לטבענו האמיתי.

דאגה רבה מדי לביטחון פיזי ודאגה פחותה מידי לביטחון רוחני, זהו סממן מובהק בעולם היום. המיקוד הזה צריך להשתנות. אָמַה לא אומרת שאנשים לא צריכים לדאוג לקיומם פיזי. לא, זוהי לא הנקודה. אבל הבעיה הבסיסית היא הבלבול בין מה קבוע ומהו בר-חלוף. בר-חלוף הוא הגוף הפיזי, וניתנת לו יותר מדי חשיבות, והקבוע שהוא האַטְמָאן, נשכח כמעט לחלוטין. גישה זו צריכה להשתנות.

שואל: האם את רואה אפשרות לשינוי כזה בחברה שלנו?

אָמַה: אפשרויות תמיד קיימות. השאלה החשובה שצריכה להישאל היא האם חברה וכל הפרטים שבה נכונים להשתנות. בכיתה כל התלמידים מקבלים הזדמנות שווה. אבל כמה באמת ילמד התלמיד, תלוי רק בנכונותו לקלוט ולקבל.

בעולם של ימינו, כולם רוצים קודם שהאחר ישתנה. קשה למצוא אנשים שבכנות מרגישים שעליהם להשתנות. במקום המחשבה שאחרים צריכים להשתנות, כל אחד צריך לשאוף להשתנות בעצמו/ה. אלמלא יהיה שינוי בעולם הפנימי, מצב הדברים יהיה פחות או יותר ללא שינוי בעולם החיצוני.

פרשנות לענווה

לדָבֵק ששאל שאלה בנוגע לענווה:

אָמַה: בדרך כלל כאשר אומרים, "האדם הזה כל כך צנוע," למעשה מתכוונים ל"הוא תמך באגו שלי ועזר לי לשמור עליו ללא פגע. רציתי שהוא יעשה משהו עבורי, והוא עשה זאת מבלי להעלות כל התנגדות. לכן הוא כזה אדם צנוע." זה באמת מה שאמירה זו מתארת. אבל ברגע ש"אדם הצנוע" הזה פותח את פיו ומטיל בנו ספק, אפילו אם יש לו סיבה טובה, דעתינו תשתנה. עכשיו נאמר, "הוא לא כזה צנוע כמו שחשבתי." והכוונה פה היא בעצם, "הוא פגע באגו שלי, ולכן הוא לא צנוע."

האם אנו מיוחדים?

עיתונאי: אָמַה, את חושבת שאזרחי הארץ הזאת הם מיוחדים?

אָמַה: עבור אָמַה, כל המין האנושי, כל הבריאה, היא מיוחדת כי אלוהות נמצאת בכל. אָמַה רואה אלוהות גם באנשים כאן. אז כולכם מיוחדים.

עזרה עצמית או עזרת העצמי

שואל: שיטות לעזרה-עצמית וספרי עזרה-עצמית נהיו מאוד פופולריים בחברה המערבית. אָמַה, האם תוכלי לשתף אותנו את דעתך על כך?

אָמַה: הכל תלוי באיך מגדירים עזרה-עצמית.

שואל: למה את מתכוונת?

אָמַה: האם זו עזרה-עצמית או עזרת-העצמי?

שואל: מה ההבדל?

אָמַה: עזרת-העצמי אמיתית עוזרת ללב לפרוח; בעוד שעזרה-עצמית מעצימה את האגו.

שואל: אז מה את מציעה, אָמַה?

אָמַה: "קבל את האמת" זה מה שאָמַה תאמר.

שואל: אני לא מבין.

אָמַה: זה מה שהאגו עושה. הוא לא מאפשר לך לקבל את האמת או להבין משהו באופן הנכון.

שואל: איך אני רואה אמת?

אָמַה: כדי לראות אמת, עליך קודם להבין מה הוא כזב.

שואל: האם האגו הוא באמת אשליה?

אָמַה: האם תקבל את זה, אם אָמַה תאשר?

שואל: הממממ... אם תרצי.

אָמַה: (צוחקת) אם אָמַה רוצה? השאלה היא האם אתה רוצה ומוכן לקבל את האמת?

שואל: כן אני רוצה ומוכן לקבל את האמת.

אָמַה: אז, האמת היא אלוהים.

שואל: זה אומר שהאגו לא אמיתי, לא כך?

אָמַה: האגו לא אמיתי. הוא הבעיה אצלך.

שואל: אז כולם בעצם גוררים איתם את הבעיה לכל מקום שהם הולכים?

אָמַה: כן, בני אדם הופכים לבעיות ניידות.

שואל: אז מה הוא הצעד הבא?

אָמַה: אם אתה רוצה לחזק את האגו, אז עזור לעצמי (הקטן) שלך להתחזק. אם אתה מעוניין בעזרת-עצמי (העצמי האמיתי שלך), חפש את עזרתו של אלוהים.

שואל: הרבה אנשים מפחדים להיפרד מהאגו שלהם. הם בטוחים שזה הבסיס לקיומם בעולם הזה.

אָמַה: אם אתה רוצה את עזרת אלוהים לגלות את עצמך באמת, אז אל לך לחשוש לאבד את האגו, העצמי-הקטן.

שואל: אבל, כשמעצימים את האגו, מרוויחים דברים גשמיים, שהם חוויות מיידיות וישירות. בניגוד לכך, כשמאבדים את האגו, החוויה נהיית לא ממש ישירה ומיידית.

אָמַה: לכן האמונה כל כך חשובה בדרך לגילוי העצמי האמיתי. כדי שהכל יעבוד כשורה ויפיק את התוצאות הרצויות, החיבור הנכון צריך להתבסס, וצריך לעשות שימוש במקורות הנכונים. בנוגע לרוחניות, נקודת המגע והמקור נמצאים בפנים. תיגע בנקודה ותהיה לך חוויה ישירה ומיידית.

אגו הינו רק להבה קטנה

אָמַה: האגו הוא רק להבה קטנה, שניתן לִכְבּוֹת בכל רגע נתון.

שואל: איך את מתארת אגו בהקשר הזה?

אָמַה: כל מה שאתה צובר- שֵׁם, תהילה, כסף, כוח, עמדה - מתדלק רק את הלהבה הקטנה של האגו, שיכולה לכבות בכל רגע נתון. אפילו הגוף והמיינד הם חלק מהאגו. הטבע שלהם הוא זמני; ולכן הם גם חלק מלהבה חסרת חשיבות זאת.

שואל: אבל אָמַה, אלו הם דברים חשובים לבן אדם רגיל.

אָמַה: בוודאי, הם חשובים. זה לא אומר שהם קבועים. הם קטני ערך, משום שהם זמניים. אתה יכול לאבד אותם בכל רגע. הזמן יעלים אותם ללא הודעה מוקדמת. להנות ולהשתמש בהם זה בסדר, אבל להתייחס אליהם כדבר קבוע ויציב זו תפיסה מוטעית. במילים אחרות, צריך להבין כי הם ברי-חלוף ולא להתגאות בהם מידי.

בניית הקשר הפנימי עם הקבוע ושאינו ניתן לשינוי, עם אלוהים, עם העצמי, הוא הדבר החשוב ביותר בחיים. אלוהים זה המקור, המרכז האמיתי לחיינו ולקיום כולו. כל השאר זה השוליים. עזרת-העצמי אמיתית קוֹרֵית רק כאשר מבססים את הקשר עם אלוהים, הבִּינְדוּ [מרכז] האמיתי, ולא עם השוליים.

שואל: אָמַה, האם אנחנו מרוויחים משהו כאשר מכבים את הלהבה הקטנה של האגו? לעומת זאת, אנחנו אפילו עלולים לאבד את זהותינו.

אָמַה: בוודאי, כשתכבה את להבת האגו הקטנה, תאבד מהזהות הקטנה והמוגבלת שלך כאינדיווידואל. למרות זאת ,כל זה הוא ממש כלום בהשוואה למה שמרוויחים מהאבדה לכאורה - שמש הידע הטהור, האור שלא ניתן לכבות. בנוסף, כשמאבדים את הלהבה הקטנה, המוגבלת של העצמי, מתאחדים עם הגדולה יותר, ואחר כך עם הגדולה ביותר, היקום, התודעה הלא מוגבלת. על מנת שזה יקרה, צריך הכוונה של סָאטְגוּרוּ [מאסטר אמיתי].

שואל: איבוד הזהות שלי! האם זו לא חוויה מפחידה?

אָמַה: זה רק איבוד העצמי-הקטן. העצמי-האמיתי לא יכול להעלם. זה מפחיד כי אתה בהזדהות מוחלטת עם האגו. ככל שהאגו גדול יותר, כך אתה יותר מפחד ויותר פגיע.

חדשות

עיתונאי: אָמַה, מה דעתך בנוגע לחדשות ותקשורת?

אָמַה: זה טוב מאוד, אם הם נוהגים באחריות, כנות וצדק כלפי החברה. הם עושים שירות גדול לאנושות.

אָמַה שמעה סיפור: פעם, קבוצת גברים נשלחה ליער לעבוד במשך שנה. שתי נשים התמנו לבשל להם. בתום החוזה, שני פועלים מהקבוצה התחתנו עם שתי הנשים. ביום למחרת, נשאו כותרות בעיתון את הידיעה החמה: "שני אחוז מהגברים מתחתנים עם 100 אחוז נשים!"

העיתונאי נהנה מהסיפור, וצחק להנאתו.

אָמַה: דיווח כזה הוא בסדר, אם הוא רק למטרת הומור, אבל לא כדיווח כנה.

נשיקת שוקולד והעין השלישית

דָּבֵק אחד התנמנם לו בזמן שניסה לתרגל מדיטציה. אָמָּה זרקה עליו נשיקת שוקולד (ממתק). אָמָּה מכוונת באופן מושלם. היא פגעה בדיוק בנקודה בין הגבות שלו. האיש פקח את עיניו. כשהוא אוחז בשוקולד בידו, הסתכל סביב כדי להבין מהיכן זה הגיע. כשהיא מבחינה ב"מצוקתו", אָמָּה התפקעה מצחוק. כשהוא הבין שאָמָּה זרקה את השוקולד, האירו פניו. הוא נגע במצחו עם השוקולד, כאילו השתחווה בפניו. אבל אחרי רגע הוא צחק בקול, קם ממקומו והחל לצעוד לכיוון אָמָּה.

שואל: הנשיקה פגעה במקום הנכון, בין הגבות, המרכז הרוחני. אולי זה יעזור לפתוח את העין השלישית שלי.

אָמָּה: זה לא.

שואל: למה?

אָמָּה: בגלל שאמרת "אולי"; זה אומר שאתה בספק. אמונתך אינה שלמה. איך זה יכול לקרות אם אין לך אמונה?

שואל: אז את אומרת שזה היה קורה, אם היתה לי אמונה שלמה?

אָמָּה: כן. אם יש בך אמונה שלמה, התגשמות יכולה לקרות בכל זמן ובכל מקום.

שואל: את רצינית?

אָמָּה: כן, בוודאי.

שואל: הו, אלוהים... האם פספסתי הזדמנות נדירה?

אָמָּה: אל תדאג, היה מודע וער. הזדמנויות יגיעו שוב. היה סבלני והמשך לנסות.
האיש נראה קצת מאוכזב, והסתובב לחזור למקומו.

אָמָּה: (טופחת על גבו) דרך אגב, מדוע צחקת בקול?

בשומעו את השאלה, שוב צחק הדָּבֵק בקול רם.

שואל: כשנמנמתי בזמן המדיטציה, חלמתי חלום נהדר. ראיתי אותך זורקת נשיקת שוקולד כדי להעיר אותי. לפתע התעוררתי. לקח לי כמה רגעים להבין, שבאמת זרקת נשיקת שוקולד.

ביחד עם האיש, אָמַה וכל הדָּבֵקים שישבו מסביבה, צחקו בקול רם.

טבעה של ההארה

שואל: האם את דואגת במיוחד או מרוצה ממשהו?

אָמַה: אָמַה החיצונית דואגת לרווחתם של ילדיה. וכחלק מהעזרה הרוחנית לקידום ילדיה היא אפילו תתפעל או תתעצבן עליהם. למרות זאת, אָמַה הפנימית אינה דואגת ומנותקת, קבועה במצב של אושר עילאי ושלווה. היא אינה מושפעת מכל מה שקורה בחוץ, כי אם מודעת לחלוטין לתמונה הגדולה.

שואל: השהיה במצב הטבעי המהותי מתואר בהמון שמות תואר. למשל: בלתי מעורער, יציב, קבוע, בלתי משתנה וכדומה.

זה נשמע כמו מצב מוצק, כמו אבן. אָמַה אנא עזרי לי להבין טוב יותר.

אָמַה: מילים אלה מיועדות להסביר את המצב הפנימי של אי הצמדות, את היכולת להתבונן ולהיות עֵד להכל, לשמור עצמך בריחוק מכל נסיבות החיים. בכל אופן הארה אינה מצב מוצק כמו אבן בו אדם מאבד את רגשותיו הפנימיים. זהו הלך רוח, הגשמה רוחנית, בה אפשרי לך לסגת ולהישאר שקוע בתוכך בכל עת שתרצה.

כשאתה מתחבר למקור האנרגיה האין סופי, היכולת שלך להרגיש ולהביע הכל, זוכה בעומק ויופי שמימי מיוחד. אם אדם מואר רוצה זאת, הוא או היא יכולים להביע רגשות בכל עוצמה בה הוא יבחר או היא תבחה.

שְׁרִי רָאָמַה בוכה לאחר שרָאוַנָה, מלך השדים, חוטף את סִיטָה בת זוגו המקודשת. למעשה הוא מקונן כמו בן אנוש, שואל כל יצור ביער "האם ראית את סִיטָה שלי? לאן היא הלכה, משאירה אותי לבד?"

קרישנה מזיל דמעות בראותו את חברו היקר סודאָמַה אותו לא פגש זמן רב. בחייהם של ישו ובודהה ישנן תקריות דומות. מָאהַטְמוֹת אלה רחבים כחלל אין סופי ולכן יכולים לשקף כל רגש שבחרו. הם מְשַׁקְּפִים, לא תגובתיים.

שואל: מְשַׁקְּפִים?

אָמַה: כמו מראה. מָהַטְמָה עונה למצבים, לסיטואציות, בספונטניות מושלמת. אכילה כשרעבים היא מַעֲנֶה. ואילו אכילה כשרואים אוכל זו תגובה. זו גם מחלה. מה שעושה מהטמה זו הֶעֱנוּת לסיטואציה מסוימת מבלי להיות מושפע ממנה ואז הוא עובר לרגע הבא. להרגיש ולבטא רֶגֶשׁ בכנות וללא הסתייגויות רק מוסיפה הוד והדר רוחני לאדם מואר. זו טעות לראות זאת כחולשה. יותר נכון לראות זאת כביטוי של אהבה וחמלה בדרך אנושית יותר. אחרת, איך יוכלו בני אדם רגילים להבין את דאגתם ואהבתם?

הרואה

שואל: מה מונע מאיתנו לחוות את אלוהים?

אָמַה: הרגשת שׁוֹנוּת.

שואל: איך נוכל לסלק אותה?

אָמַה: בהפיכתנו ליותר ויותר ערניים. יותר מודעים.

שואל: מודעים למה?

אָמַה: מודעים למה שקורה בפנים ובחוץ.

שואל: איך הופכים ליותר מודעים?

אָמַה: מודעות מתרחשת כשאנו מבינים שכל מה שהמיינד מקרין הוא חסר חשיבות.

שואל: אָמַה, בכתבים נאמר שהמיינד הוא חסר חַיּוּת. אבל את אומרת שהמיינד מקרין. זה נשמע כמו דבר והיפוכו. איך המיינד יכול להקרין אם הוא חסר חיות?

אָמַה: כמו שאנשים, בעיקר ילדים, רואים צורות בשמיים. כשילדים קטנים מביטים בשמיים הם אומרים "הנה מרכבה, וכאן יש שד. הו! תראו איזה פנים קורנים יש ליצורים השְׁמֵימִיִּים!" וכן הלאה. האם זה אומר שאכן צורות אלה באמת בשמיים? לא. הילדים רק מדמיינים את הצורות האלה בשמיים העצומים. בעצם אלה עננים היוצרים צורות שונות. השמיים, החלל האינסופי פשוט שם, וכל השמות והצורות מולבשים עליהם.

שואל: אבל אם המיינד הוא חסר חיות, איך הוא יכול להלביש או לכסות את האַטְמָאן [העצמי העליון]?

אָמַה: למרות שנראה שהמיינד רואה, הרואה האמיתי הוא האַטְמָאן. אוסף הנטיות, המהוות את המיינד הן כמו משקפיים. כל אדם מרכיב משקפיים בצבע אחר. בהתאם לצבע עדשות המשקפיים אנו רואים ושופטים את העולם. מאחורי משקפיים אלו, האַטְמָאן נשאר דומם, כעֵד, פשוט מאיר את הכל בנוכחותו. אבל אנחנו טועים לחשוב את המיינד לאַטְמָאן. אם נרכיב משקפיים ורודים לא נראה הכל ורוד? אז מי הוא הרואה האמיתי? "אנו" הרואים האמיתיים, והעדשות הן חסרות חיים משל עצמן, נכון?

שואל: אם אנחנו מהטבע של האַטְמָאן [העצמי העליון] למה אנו צריכים להשקיע מאמץ לדעת זאת?

אָמַה: לבני אדם יש את התחושה השגויה שכל דבר ניתן להשיג אם משקיעים מאמץ. מאמץ הוא הגאווה בתוכנו. במסענו לעבר אלוהים, כל מאמץ הנובע מהאגו יתפורר ויסתיים בכישלון. למעשה, זה מסר אלוהי, מסר לַצֹּרֶךְ בכניעה וחסד. זה בסופו של דבר עוזר לנו להכיר במגבלות המאמץ, במגבלות האגו. בקצרה, מאמץ מלמד אותנו שדרך מאמץ בלבד לא נגיע ליעדים שלנו. בסופו של דבר, חסד הוא הגורם המכריע. אם זו השאיפה להארה או להשגת תשוקות חָמְרִיּוֹת, חסד הוא הגורם שֶׁמַּגְשִׁים את המטרה.

תמימות הנה שָׁאקְטִי אלוהית

שואל: האם אדם תמים יכול להיות אדם חלש?

אָמַה: "תמימות" מתפרשת כמילה שגויה. אפילו מייחסים אותה לאנשים שלא מגיבים ובישנים. גם אנאלפבתים ובורים נחשבים לעיתים לתמימים. בורות אינה תמימות. בורות היא חוסר באהבה אמיתית, הבנה, ויכולת הבחנה, בעוד תמימות אמיתית היא אהבה טהורה המעניקה הבנה ויכולת הבחנה. זו שָׁאקְטִי [אנרגיה אלוהית]. אפילו לאדם ביישן יש אגו. אדם תמים אמיתי הוא באמת אדם חסר אגו. לכן הוא או היא אדם חזק ביותר.

אָמַה אינה יכולה להיות אחרת

אָמַה: (אומרת לדבקה בזמן דָארְשָן) על מה את חושבת?

דְבֵקָה: תהיתי איך את יכולה לשבת כל כך הרבה זמן, שעות על שעות, כל כך סבלנית וזוהרת.

אָמַה: (צוחקת) ביתי, איך את חושבת ללא הרף, ברציפות?

דבקה: זה פשוט ככה קורה. אני לא יכולה להיות אחרת.

אָמַה: אז זו התשובה. זה פשוט ככה קורה. אָמַה לא יכולה להיות אחרת.

כמו זיהויו של אהוב לבך

אדם שואל את אָמָה שאלה על יחסי מאהב ואהובה של מחפש רוחני בנתיב של דְבֵקוּת.

אָמָה: אהבה יכולה להתרחש בכל עת ובכל מקום. זה כמו לזהות את אהובתך בהמון הרב. אתה רואה אותה עומדת בפינה עם עוד אלפי אנשים סביב, אבל עיניך רואות אותה ורק אותה. אתה מכיר אותה. מתקשר איתה, ומתאהב בה, נכון? אתה מפסיק לחשוב ואז לפתע, למספר רגעים, אתה בלב. אתה אהבה. באופן דומה, הכל קורה בשניה. אתה שם, במרכז ליבך, שהוא אהבה טהורה.

שואל: אם זה המרכז האמיתי של אהבה, מה גורם לנו לצאת ממנו ומסיט אותנו מנקודה זו?

אָמָה: רכושנות- או במילים אחרות היקשרות ההורגת את היופי של חוויה טהורה זו. ברגע שהצמדות גוברת, אתה יוצא מדרך הישר והאהבה הופכת לסבל.

תחושת השׁוֹנוּת

שואל: האם אגיע לסַמָאדְהִי [הארה] בחיים אלה?

אָמַה: למה לא?

שואל: אם כך, מה עלי לעשות כדי לזרז את התהליך?

אָמַה: קודם כל תשכח מסַמָאדְהִי ותתמקד כל כולך עם אמונה חזקה בסַדְהָאנָה [תרגול רוחני]. סַאדְהַק (מחפש רוחני) אמיתי מאמין בהווה יותר מאשר בעתיד. כשאנו מאמינים ברגע הזה כל האנרגיה שלנו תהיה כאן ועכשיו. התוצאה היא כניעה. תיכנע לרגע הזה,וזה יתרחש. הכל קורה בספונטניות כשאנו מרחיקים את עצמנו מהמיינד. ברגע שזה קורה, אתה תישאר לגמרי בהווה. המיינד הוא "האחר" שבך. זה המיינד שיוצר את תחושת השׁוֹנוּת.

אָמַה תספר לך סיפור. פעם היה ארכיטקט מהולל. היו לו כמה סטודנטים. עם אחד מהם היו לו יחסים מוזרים. הוא לא היה ממשיך בשום עבודה אם הוא לא היה מקבל אישור מהסטודנט. אם הסטודנט היה אומר לא לאיזו תוכנית או שרטוט, הארכיטקט מיד היה מוותר. הארכיטקט היה משרטט ושוב משרטט עד שהסטודנט היה אומר כן. הארכיטקט היה מבקש את הסכמתו של הסטודנט באובססיביות. הוא לא היה לוקח צעד אחד ללא אישורו של הסטודנט והיה ממשיך לשרטט עד שהסטודנט היה אומר: "אוקי אדוני, עכשיו אתה יכול להמשיך עם התכנון".

פעם, הם קיבלו לתכנן דלת מקדש. הארכיטקט מיד התחיל לשרטט תוכניות רבות. כרגיל הוא הראה לסטודנט שלו כל שרטוט. הסטודנט אמר לא לכל תוכנית שהארכיטקט שירטט. הוא עבד יום ולילה וייצר מאות תוכניות. אבל הסטודנט לא אהב אף אחת מהן. הזמן כמעט נגמר ובקרוב כבר היה עליהם להגיש תוכנית. בשלב כלשהו הארכיטקט שלח את הסטודנט למלא דיו בעט שלו. לקח זמן לסטודנט לחזור. בינתיים הארכיטקט היה שקוע בתכנון של עוד מודל. בדיוק כשהסטודנט חזר הארכיטקט סיים את השרטוט החדש, הראה לו אותו ושאל: "מה דעתך?"

"כן! זה זה!" ענה הסטודנט בהתרגשות. "עכשיו אני יודע למה!" אמר הארכיטקט. "עד עכשיו הייתי מוטרד מנוכחותך ודעתך. לכן לא הייתי יכול להיות נוכח במאה אחוז במה שאני עושה. כשהלכת, הייתי חופשי ומשוחרר והייתי יכול להיות נוכח בהווה." ככה זה היה. במציאות, זו לא היתה נוכחותו של התלמיד שהיוותה מכשול בפניו, אלא ההצמדות (התלות) בדעתו של התלמיד. ברגע שהוא הרחיק את עצמו מדעתו של האחר, הוא מיד היה בהווה והצליח ליצור יצירה גאונית. כשאתה חושב שהארה זה משהו שקורה בעתיד, אתה יושב וחולם עליה. אתה מבזבז הרבה שָׁאקְטִי [אנרגיה אלוהית]כשאתה חולם על סַמָאדְהִי [הארה].

נתב את אותה אנרגיה אלוהית כהלכה-השתמש בה להתמקד ברגע הזה-ומדיטציה, או הארה תתרחש בקלות. היעד אינו בעתיד. אלא כאן ועכשיו. בהווה. להיות בהווה זו אכן הארה, זו המדיטציה האמיתית.

האם אלוהים זכר או נקבה?

שואל: אָמַה, אלוהים הוא זכר או נקבה?

אָמַה: אלוהים הוא לא הוא או היא. אלוהים הוא מעבר להגדרה מוגבלת זו. אלוהים זה זה. אבל אם אתה צריך להגדיר את אלוהים כהוא או היא אז היא יותר טוב. כי היא כוללת בתוכה את הוא (she).

שואל: התשובה הזו עלולה לעצבן גברים, כי היא שמה את הנשים במעמד גבוה יותר.

אָמַה: אין צורך לשים במעמד גבוה יותר לא גברים ולא נשים, כי אלוהים שמה את שניהם במקום מקסים משלהם. גברים ונשים לא נועדו להתחרות אלה באלה כי אם להשלים זה את חייו של זה.

שואל: למה את מתכוונת להשלים?

אָמַה: זה אומר לתמוך אחד בשני, במסע ביחד לשלמות.

168

שואל: אָמַה, את לא מרגישה שגברים חשים עליונות על נשים?

אָמַה: אם זו תחושה של "אני נעלה" או "אני נָחוּת", שתיהן מגיעות מהאגו. אם גברים אומרים "אנחנו נעלים על נשים" זה רק מראה על האגו הנפוח שלהם, וזו בהחלט חולשה גדולה והרסנית מאוד. באופן דומה, אם נשים חשות, שהן נחותות מגברים, בפשטות, הכוונה היא "אנו נחותות עכשיו, בעוד שאנו רוצות להיות עליונות". מה זה אם לא אגו? שתי גישות אלה אינם הולמות ואינן בריאות ורק מגדילות את הרווח בין גברים ונשים. אם לא נגשר על הפערים בכבוד הראוי ובאהבה גם לגברים וגם לנשים, עתיד האנושות רק יגדל להיות קודר.

רוחניות יוצרת איזון

שואל: אָמַה, כשאמרת שאלוהים זה יותר היא מהוא לא התכוונת לצורה החיצונית, נכון?

אָמַה: לא, זאת לא הצורה החיצונית. זו ההבנה הפנימית שקובעת. יש אישה בכל גבר וההפך. האישה שבגבר הכוונה היא- האהבה האמיתית והחמלה בגבר- צריכה להתעורר. זו המשמעות של Ardhanarishwara אָרְדְהַנָאְרִאִישְׁוַרָה [חצי אל חצי אלה] בהינדואיזם. אם האספקט הנשי באישה נרדם, אז היא לא אמא והיא רחוקה מאלוהים. אבל אם אספקט זה בגבר מתעורר, אז הוא יותר אמא ויותר קרוב לאלוהים. כל זה נכון גם לאספקט הגברי. כל העניין ברוחניות הוא ליצור את האיזון הנכון בין גבריות לנשיות. לכן, התעוררות התודעה הפנימית היא חשובה יותר מהביטוי החיצוני.

היקשרות ואהבה

אדם מבוגר מסביר לאָמַה למה הוא עצוב אחרי הגירושין.

שואל: אָמַה, אהבתי אותה כל כך ועשיתי ככל יכולתי לעשות אותה מאושרת. למרות זאת הטרגדיה קרתה בחיי. לפעמים אני מרגיש הרוס. בבקשה עזרי לי. מה אני צריך לעשות? איך אני יכול להתגבר על הכאב?

אָמַה: בני, אָמַה מבינה את הסבל והכאב שלך. זה קשה להתגבר על כזה מצב רגשי מדכא. למרות זאת חשוב שתהיה הבנה נכונה של החוויה שלך, בעיקר כי זה הפך למכשול בחייך.

הדבר החשוב לשקול הוא, האם זו עצבות הנובעת מאהבה אמיתית או מהקשרות. באהבה אמיתית אין כאב של הרס עצמי, כי אתה אוהב אותה, לא שולט בה. כנראה אתה יותר מידי כרוך אחריה או שאתה יותר מידי רכושני כלפיה. משם מגיע העצב ומחשבות מדכאות.

שואל: יש לך איזו שיטה פשוטה או טכניקה להתגבר על כאב כזה של הרס עצמי?

אָמַה: "האם אני מאוהב או אני יותר מדי קשור?" תשאל זאת את עצמך עמוק ככל שתוכל. תברר זאת. במהרה תבין שאהבה זו היא היצמדות. רוב האנשים חושקים בהיצמדות ולא באהבה אמיתית. אז אָמַה אומרת זו אשליה. במידת מה אנחנו בוגדים בעצמנו. אנחנו בטעות תופסים היצמדות לאהבה. אהבה היא המרכז והיצמדות היא הפריפריה. תהיה במרכז ותתנתק מהפריפריה. אז הכאב יעבור.

שואל: (מתוודה) את צודקת. אני מכיר ברגשות היצמדות ולא אהבה לגרושתי, כמו שהסברת.

אָמַה: אם הבנת את שורש הכאב שלך, אז שחרר אותו וצא לחופשי. המחלה אובחנה, האיבר הנגוע נמצא, עכשיו הסר אותו. למה לסחוב את העול הזה? פשוט תזרוק אותו.

כיצד להתגבר על סכנות החיים

שואל: אָמַה, איך אפשר לזהות את הסכנות העומדות להתרחש בחיים?

אָמַה: בכך שתחזק את כושר ההבחנה שלך.

שואל: האם הבחנה זה אותו דבר כמו הדקויות של המיינד?

אָמַה: זו היכולת של המיינד להישאר ערני בהווה.

שואל: אבל אָמַה, איך זה יכול להזהיר אותי מסכנות בעתיד?

אָמַה: אם תשאר דרוך בהווה, תתמודד עם פחות סכנות בעתיד. עם זאת, לא תוכל להתחמק או להימנע מכל הצרות.

שואל: האם ג'יוֹטִישׁ [אסטרולוגיה וודית] יכולה לעזור לנו להבין את העתיד טוב יותר ולכן מאפשר לנו להימנע מסכנות אפשריות?

אָמַה: אפילו מומחים בתחום עוברים תקופות קשות בחייהם. יש אסטרולוגים עם מעט כושר הבחנה ואינטואיציה. אלה אנשים המסכנים את חייהם עצמם ואת חייהם של אחרים. לא ידע באסטרולוגיה ולא קריאת מפה היא שתדריך אותך

אל חיים ללא סכנה. הבנה עמוקה של החיים, וגישה של הבדלה (בין נכון/לא נכון, טוב/רע, זמני/קבוע) למצבים שונים זה מה שבאמת עוזר לאדם לחיות יותר בשלום ועם פחות צרות.

שואל: האם הבנה והבחנה זה אותו דבר?

אָמַה: כן, הם אותו דבר. ככל שיש לך יותר הבחנה, אתה מבין יותר וההפך.

ככל שאתה מסוגל יותר להיות בהווה, כך תהיה יותר ערני וכך יהיו לך יותר תגליות. תקבל יותר מסרים מהאלוהי. כל רגע מביא לך מסרים. אם אתה פתוח ובקליטה תוכל להרגיש בהם.

שואל: אָמַה, את אומרת שהתגליות האלה יעזרו לנו לזהות סכנות אפשריות בעתיד?

אָמַה: כן. תקבל רמזים וסימנים מהגילויים הללו.

שואל: איזה סוג של רמזים וסימנים?

אָמַה: איך אתה יודע שתקבל מיגרנה? אתה תרגיש חוסר נוחות ותתחיל לראות עיגולים שחורים לפניך, נכון? ברגע שהסימפטומים יתבררו, תיקח את התרופה הנכונה וזה יעזור לך. כמו כן, לפני כישלון או סכנה בחיים, סימנים מסוימים מופיעים. בדרך כלל אנשים מפספסים אותם. למרות זאת, אם המיינד שלך פתוח וקולט תוכל להרגיש בהם ולעשות את הצעדים ההכרחיים לגבור עליהם. אָמַה שמעה את האנקדוטה הבאה: עיתונאי ראיין איש עסקים מצליח. העיתונאי שאל "אדוני, מהו הסוד להצלחתך?"

איש העסקים: "שתי מילים"

עיתונאי: "מה הן?"

איש עסקים: "החלטות נכונות"

עיתונאי: "איך אתה מחליט החלטות נכונות?"

איש עסקים: "מילה אחת"

עיתונאי: "מה היא?"

איש עסקים: "ניסיון"

עיתונאי: "איך אתה רוכש ניסיון כזה?"

איש עסקים: "שתי מילים"

עיתונאי: "מה הן?"

איש עסקים: "החלטות שגויות"

אתה רואה, בני, זה הכל תלוי באיך אתה מבין, מקבל ונכנע למצב.

אָמַּה תספר לך עוד סיפור: בהזמנתו של יוּדִישְׁטִירָה, הַקָאוּרָאוַס ביקרו באִינְדְרַפְּרָאסְטָה, בירתם של הַפַּנְדָאוָאס[2]. המקום תוכנן במיומנות כה רבה כך שמקומות מסוימים נראו כמו אגמים יפיפיים, כאשר במציאות היו רצפות רגילות. באופן דומה, במקומות אחרים, למרות שנראו כרצפות רגילות, במציאות היו ברכות מלאות במים. בכל הסביבה היתה תחושה סוריאליסטית. כאשר 100 האחים שהונהגו על ידי דוּרְיוֹדָאנָה, הבן הבכור של הַקָאוּרָאוַס, בעוברם דרך הגנים היפים הם כמעט התפשטו בחושבם שלפניהם בריכה. אף על פי שהיתה זו רצפה רגילה שרק נראתה כבריכה. למרות זאת, לא הרבה זמן אחר כך, כל האחים, כולל דוּרְיוֹדָאנָה, נפלו לבריכה שנראתה כרצפה רגילה, ויצאו ספוגים במים. פָּאנְצָ'אלִי, אשת חמשת האחים, פרצה בצחוק בראותה את הסצנה המצחיקה. דוּרְיוֹדָאנָה ואחיו נעלבו מאוד מכך. זו היתה תקרית המפתח שהציתה כעס רב באחים הַקָאוּרָאוַס ואת הרצון לנקום, שהובילה למלחמת המָהַבָּארָאטָה ולהרס עצום. זה סיפור מאוד משמעותי. גם בחיים האמיתיים אנו נתקלים במצבים הנראים באמת מסוכנים, אז אנו נוקטים במספר אמצעי זהירות כשעומדים מולם. עם זאת, בסופו של דבר, לעיתים מתברר כלא מזיקים. בנסיבות אחרות, מצבים הנראים כבטוחים, עלולים להתגלות כמסוכנים. שום דבר אינו חסר חשיבות. לכן כל כך חשוב שתהיה לנו שְׁרַדְהָה [הבחנה חדה, ערנות, מודעות] כשאנו מתמודדים בהתנסויות שונות שהחיים מביאים לנו.

---

2 הפַּנְדָאוָאס וההַקָאוּרָאוַס היו שני הצדדים המנוגדים שלחמו במלחמת המָהַבָּארָאטָה

אל תאגרו את עושרו של אלוהים

שואל: האם אגירה וצבירת הון הן חטא?

אָמַה: הן לא חטא, כל עוד יש בך חמלה. במילים אחרות, צריך להיות בך הרצון לחלוק עם העניים והנזקקים.

שואל: אחרת?

אָמַה: אחרת זה חטא.

שואל: למה?

אָמַה: מפני שכל מה שכאן, הוא של אלוהים. הבעלות שלנו היא זמנית בלבד. היא באה והולכת.

שואל: אבל האם אלוהים לא רוצה שנשתמש בכל מה שהוא ברא עבורנו?

אָמַה: בוודאי, אבל אלוהים לא רוצה שנשתמש בהם לרעה. אלוהים רוצה גם שנשתמש ביכולת ההבחנה שלנו, בעת שאנחנו נהנים מכל מה שברא.

שואל: מה זה הבחנה?

אָמַה: הבחנה היא יישום ידע באופן שלא מטעה אותך. במילים אחרות, להשתמש בידע כדי להבדיל בין דַהְרְמָה [צדק/יושרה] לאַדְהְרְמָה [אי-צדק], בין הקבוע לזמני, זוהי הבחנה.

שואל: אז איך להשתמש בחפצי העולם הזה בהבחנה?

אָמַה: ותר על בעלות- קח בחשבון שכל הדברים בעולם הם של אלוהים, ותהנה מהם. העולם הזה הוא תחנה זמנית. אתה נמצא כאן לתקופה קצרה, כמבקר. בגלל הבורות שלך, אתה מפצל הכל, כל פיסת אדמה, כשלך ושלהם. פיסת האדמה שאתה טוען לעצמך היתה שייכת בעבר להרבה אחרים. כעת הבעלים הקודמים

קבורים בה. כיום זה אולי תפקידך לתפקד כבעלים, אך זכור, יום אחד גם אתה תעלם. ואדם אחר יכנס לנעליך. אז, האם יש משמעות לתביעת בעלות?

שואל: איזה תפקיד עלי לקחת כאן?

אָמַה: היה משרתו של אלוהים. אלוהים, זה הנותן הכל, רוצה שתחלוק את עושרו עם כולם. אם זה רצון האל, מי אתה שתשמור זאת לעצמך? אם בניגוד לרצון האל, אתה מסרב לחלוק, זו אגירה, שהיא שווה לגניבה. פשוט אמץ את הגישה של מבקר בעולם הזה.

פעם, אדם בא לפגוש מָהַאטְמָה. כשהבחין כי אין כל רהיטים או חפצי נוי בבית, שאל האדם את הנשמה הגדולה, "מוזר, למה אין כאן רהיטים?"

"מי אתה?" שאל המָהַאטְמָה.

"אני מבקר." ענה האיש.

"גם אני," ענה המָהַאטְמָה. "לכן, מדוע אני צריך ,בחוסר חכמה, לאגור חפצים?"

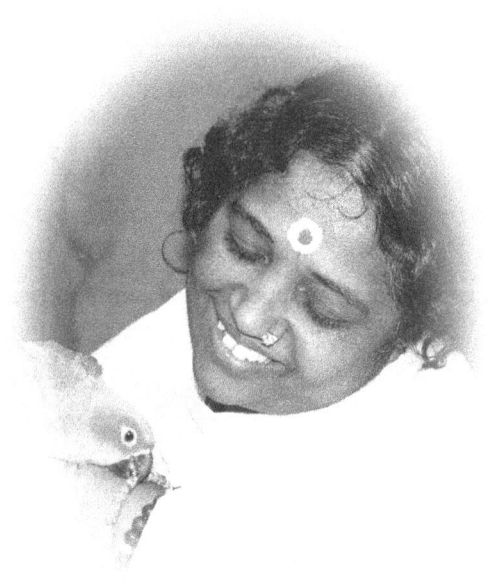

אָמַּה והטבע

שואל: אָמַה, מה היא מערכת היחסים שלך עם הטבע?

אָמַה: הקשר של אָמַה לטבע הוא לא מערכת יחסים; הוא לגמרי אחדות. מי שאוהב את אלוהים אוהב גם את הטבע, מפני שאלוהים והטבע הם לא שניים. כאשר אתה מגיע למצב של הארה, אתה נהיה מחובר לכל היקום. במערכת היחסים של אָמַה לטבע, אין מאהב או אהוב- ישנה אהבה. אין שניים; יש רק אחת; יש רק אהבה.

בדרך כלל, במערכות יחסים חסרה אהבה אמיתית. במערכות יחסים של אהבה רגילה, ישנם שניים- או אפשר לומר שלושה- המאהב, האהוב והאהבה. באהבה אמיתית, לעומת זאת, המאהב והאהוב נעלמים, ומה שנשאר היא חוויה טהורה ושלמה, של אהבה ללא תנאי.

שואל: מהו הטבע לבני האדם?

אָמַה: טבע משמעותה חיים לבני אדם. היא חלק בלתי נפרד מהקיום שלנו. זו הדדיות המתקיימת בכל רגע ובכל רמה. לא רק שאנו לחלוטין תלויים בטבע, אנו

משפיעים עליה והיא משפיעה עלינו. כאשר אנחנו אוהבים באמת את הטבע, היא משיבה בנדיבות ופותחת לנו את משאביה האינסופיים. בדיוק כמו כשאנו אוהבים באמת אדם אחר, באהבתינו אל הטבע עלינו להיות נאמנים, סבלניים וחומלים לאין סוף.

שואל: האם אלה יחסי גומלין או תמיכה הדדית?

אָמַה: זה שני הדברים ואפילו יותר. עם זאת, הטבע תמשיך להתקיים אפילו ללא בני אדם. היא יודעת איך להגן על עצמה. אך בני האדם נדרשים לתמיכה של הטבע כדי להתקיים.

שואל: מה קורה אם יחסי הגומלין בין טבע לאדם יהפכו שלמים?

אָמַה: היא תפסיק להסתיר דברים מאיתנו. היא תפתח בפנינו את אוצרותיה האינסופיים של עושר טבעי, היא תרשה לנו להנות מכך. כמו אמא, היא תגן עלינו תטפח ותזין אותנו. ביחסים מושלמים בין האנושות לטבע, נוצר שדה אנרגיה מעגלי בו שניהם זורמים זה אל זה. במילים אחרות, כאשר אנו בני האדם נתאהב בטבע, היא תתאהב בנו.

שואל: מה גורם לאנשים להתנהג באכזריות לטבע? זו אנוכיות או חוסר הבנה?

אָמַה: זה שניהם. זה חוסר הבנה המתבטא במעשים אנוכיים. בעיקרון זו בורות. עקב בורות, אנשים חושבים שהטבע הוא רק מקום ממנו הם יכולים להמשיך לקחת בלי לתת. רוב בני האדם מכירים רק את שפת הניצול. בגלל אנוכיותם הגמורה הם אינם מסוגלים להתחשב בבני אדם אחרים. בעולמנו היום, היחסים שלנו עם הטבע הם המשך לאנוכיות שאנו חשים בפנים.

שואל: אָמַה, למה את מתכוונת בהתחשבות באחרים?

אָמַה: מה שאָמַה מתכוונת הוא להתחשב באחרים בחמלה. כדי להתחשב באחרים- טבע או בני אדם- התכונה הראשונה והכי חשובה שאדם צריך לפתח היא חיבור פנימי עמוק, חיבור למצפון הפנימי. מצפון, במובן העמוק, הוא הכוח לראות באחרים את עצמך. בדיוק כפי שאתה רואה עצמך משתקף במראה, אתה רואה אחרים בך. אתה משקף אחרים, את רגשותיהם, וגם את אושרם וסבלם. עלינו לפתח את היכולת הזו ביחסים שלנו עם הטבע.

שואל: התושבים המקוריים של הארץ הזאת היו הילידים האמריקאים. הם סגדו לטבע והיה להם קשר עמוק עימה. האם את חושבת שגם עלינו לעשות זאת?

אָמַה: מה שכל אחד צריך לעשות תלוי במבנה המנטלי שלו. למרות זאת, הטבע היא חלק מהחיים, חלק מהכל. הטבע זה אכן אלוהים. לסגוד לטבע זה כמו לסגוד לאלוהים. האל קרישנה בסגידתו להר גוֹבַהדְהַרָה לימד אותנו שיעור חשוב: לסגוד לטבע כחלק מחיינו ביום יום. הוא ביקש מאנשיו לסגוד להר גוֹבַהדְהַרָה כי ההר מגן עליהם. באותו אופן, ראמה, לפני הבניה של הגשר מעל הים, הוא הסתגף במשך שלושה ימים כדי לְרַצות את האוקיינוס. אפילו מַהַטְמוֹת נותנים כבוד גדול והתייחסות לטבע ומחפשים את ברכתה לפני תחילת כל פעולה. בהודו יש מקדשים לציפורים, חיות, עצים ואפילו ללטאות ונחשים ארסיים. זה כדי להדגיש את המשמעות הגדולה של הקשר בין אדם לטבע.

שואל: אָמַה, כדי לחדש את היחסים בין בני אדם לטבע, מהי עצתך?

אָמַה: הבה נהיה חומלים ומתחשבים. הבה ניקח מהטבע רק את מה שאנו צריכים, ואז ננסה להחזיר זאת במידה מסוימת. כי רק בנתינה נוכל לקבל. ברכה היא משהו שחוזר אלינו בתגובה לדרך בה אנו ניגשים למשהו. אם ניגש אל הטבע באהבה, נתחשב בה כחיים, כאלוהים, כמו חלק מהקיום שלנו, אז היא תשרת אותנו כחברתנו הטובה ביותר, חברה שאנו תמיד יכולים לסמוך עליה, חברה שלעולם לא תבגוד בנו. אבל אם הגישה שלנו לטבע שגויה, אז במקום להגיב בברכה, התוצאה תהיה תגובה שלילית. טבע תיפנה נגד האנושות אם לא נהיה זהירים ביחסים איתה, וההשלכות יהיו הרסניות. הרבה מהיצירות המופלאות של אלוהים כבר אבדו בגלל התנהגות פסולה וזלזול בטבע. אם נמשיך בדרך זו, זה יסלול את הדרך לאסון.

סָאנְיַאס – פסגת הקיום האנושי

שואל: מה זה סָאנְיַאס ?

אָמַה: סָאנְיַאס זו פסגת הקיום האנושי. זו הגשמת לידתו של אדם.

שואל: סָאנְיַאס זה הלך רוח או משהו אחר?

אָמַה: סָאנְיַאס זה הלך רוח וגם הלך של "אין מיינד".

שואל: אָמַה, איך את מסבירה את המצב הזה? או מה שזה לא יהיה?

אָמַה: גם חוויות ארציות לא פשוט להסביר. איך ניתן איפוא להסביר סָאנְיַאס, שהוא מצב החוויה הגבוה ביותר? זהו מצב אשר בו יש לאדם חופש בחירה פנימי מוחלט

שואל: אָמַה, אני יודע שאני שואל יותר מידי שאלות, אבל למה את מתכוונת ב "חופש החלטה פנימי?"

אָמַה: בני אדם הם עבדים למחשבות שלהם. המיינד הוא רק זרם מחשבות אין סופי. הלחץ שנגרם על ידי המחשבות גורם לנו להיות קורבנות חסרי אונים למצבים בחוץ. לאדם יש אין ספור מחשבות ורגשות מעודנים וגם גסים. אדם אינו מצליח להביט מקרוב ולהבדיל את הטוב מהרע, יצירתי לבין הרסני, רוב האנשים הופכים טרף קל לדחפים שלהם ומזדהים עם מחשבות שליליות. במצב נעלה של סָאנְיַאס, לאדם יש בחירה אם להזדהות או להישאר מנותק ממחשבה ורגש זה או אחר. יש לך את הבחירה אם לשתף פעולה או לא לשתף פעולה עם כל מחשבה, רגש ומצב נתון. גם אם בחרת להזדהות, תמיד ניתנת לך האפשרות לסגת או להתקדם בכל עת שתבחר. זהו אכן חופש אמיתי.

שואל: מה משמעות הצבע חום-אדום שהסָאנְיַאס לובש?

אָמַה: זה צבע המסמן את ההשג הפנימי או היעד אליו אתה משתוקק להגיע. זה גם אומר שאינך מעוניין בהישגים חומרניים - זו הכרזה על כך שחייך מוקדשים

לאלוהים והכרת העצמי. זה אומר שגופך, ומחשבותיך אֻכְּלוּ באש ההתמסרות או אש הוָאִירָאגְיָה [אי-הצמדות] ואינך שייך יותר לשום אומה מסויימת, כת, פלג, דת או אמונה. בכל אופן סָאנְיָאס אינו רק צבע בגד שלובשים. הבגד הוא רק סמל המציין מצב קיום, מצב על של קיום. סָאנְיָאס הוא שינוי פנימי בגישתך לחיים ואיך אתה מבין אותם. אתה נהיה ללא אגו. אינך שייך יותר לעצמך אלא שייך לעולם, וחייך הם מנחה/תרומה לשירות האנושות. במצב זה אינך מצפה או דורש שום דבר ממישהו. במצב סָאנְיָאס אמיתי אתה יותר נוכחות מאישיות. בזמן הטקס, כשהתלמיד מקבל חניכה מהמאסטר, התלמיד גוזר ציצת שיער מאחורי ראשו. ואז מציע את ציצת השיער ואת החוט המקודש[3] לאש הטקס. זה מסמל את הויתור של כל היצמדות לגוף למיינד ולאינטלקט עכשיו ובעתיד. סָאנְיָאסין אמורים לגדל שיער ארוך או לגלח את הראש. בזמנים קדומים סָאנְיָאסין היו מגדלים שיער לתלתלים סבוכים (ראסטות). זו היתה הוכחה לנפרדות מהגוף. אינך מעוניין יותר לייפות את הגוף, כי היופי האמיתי מצוי בידיעת האַטְמָאן [עצמי].

הגוף משתנה, נחרב. מה הטעם להיצמד לגוף כאשר טבעך האמיתי הוא העצמי שאינו משתנה וניצחי? היצמדות לכל מה שחולף הוא המקור לכל הצער והסבל. סָאנְיָאס הוא זה שמבין אמת אדירה זו- את אופיו החולף של העולם בחוץ, ואת נצחיותה של התודעה, הנותנת יופי וחן לכל. סָאנְיָאסה אמיתית אינה ניתנת אלא מתגשמת.

שואל: אם כך, האם זה הישג?

אָמַּה: אתה שואל שוב את אותה שאלה. סָאנְיָאס הוא שיא של כל ההכשרה הידועה בשם סַאדְהַנָה [תרגול רוחני]. הבט, אנו יכולים להשיג רק משהו שהוא אינו שלנו, משהו שאינו חלק מאיתנו. מצב סָאנְיָאס הוא לב הקיום שלנו, זה שהוא אכן אנחנו. עד שתכיר בכך, תוכל לקרוא לכך השג, אך כאשר ידע אמיתי זורח, אתה מבין שזה אתה האמיתי ומעולם לא התרחקת ממנו- ומעולם לא יכולת להתרחק. היכולת להכיר במה שאנו, באֱמֶת השוכנת בכל אחד. אנו במצב של שכחה. על מישהו להזכיר לנו את הכוח האינסופי בתוכנו. למשל, יש את זה שמתפרנס מקיבוץ נדבות ברחוב. יום אחד ניגש אליו איזה זר ואומר לו "הי, מה אתה עושה פה? אתה לא קבצן ולא צועני נודד. אתה מולטי מיליונר". הקבצן לא מאמין לזר ומתרחק ממנו מתעלם ממנו לגמרי. אבל הזר מתעקש באהבה. הוא הולך אחרי

---

[3] מורכב משלושה חוטים, יָאגְ'נוֹפַּאוִיטָאם, נכרך לרוחב הגוף לייצג את התחייבותו של אדם למשפחתו, לחברה ולגורו.

הקבצן ואומר לו "תאמין לי. אני חבר שלך ורוצה לעזור לך. מה שאני אומר זאת האמת. אתה באמת איש עשיר, והאוצר השייך לך למעשה מאוד קרוב אליך". עכשיו סקרנותו של הקבצן מתעוררת והוא שואל: "מאוד קרוב אלי? איפה?"

"בבקתה שאתה גר בה" עונה הזר. "צריך רק לחפור קצת כדי שזה יהיה שלך לתמיד". עכשיו הקבצן לא רוצה לבזבז אפילו רגע. הוא רץ הביתה וחופר את האוצר החוצה. הזר מייצג את המאסטר האמיתי, זה שנותן לנו את האינפורמציה הנכונה, המשכנע, המדרבן, שמעודד אותנו לחפור ולחשוף את האוצר הסמוי בתוכנו. אנו במצב שכחה. הגורו עוזר לנו לדעת מי אנו באמת.

ישנה רק דְהַרְמָה אחת

שואל: האם יש הרבה דְהָרְמוֹת?

אָמַה: לא. יש רק דְהָרְמַה אחת.

שואל: אבל אנשים מדברים על דְהָרְמוֹת שונות.

אָמַה: זה בגלל שהם אינם רואים מציאות אחת. הם רואים רק את הריבוי, מגוון של שמות וצורות. אבל, זה תלוי ב וָאסָאנוֹת [נטיות] של כל אחד, אז אפשר לומר שיש יותר מדְהָרְמַה אחת. למשל, מוזיקאי אומר או אומרת שמוזיקה היא הדַהְרְמָה שלה. כך גם איש עסקים יכול לומר שלעשות עסקים זו הדְהָרְמַה שלו. וזה בסדר. אבל, אי אפשר למצוא מימוש מושלם באף אחד מהם. זו המעניקה סיפוק מוחלט וקורת רוח היא דְהָרְמַה אמיתית. כל מה שאדם עושה, אלא אם הוא מרוצה מעצמו, השלום יחמוק ממנו ותחושה שמשהו חסר תמשיך. שום הישג חומרי לא ימלא את החלל הריק בחיי אדם. כל אחד או אחת יצטרך למצוא את המרכז בתוכו כדי שתחושת ההגשמה תפציע. זאת הדְהָרְמַה האמיתית. עד אז תסתובב ותסתובב במעגלים בחיפוש אחר שלווה והנאה.

שואל: האם אדם המתמיד לנהוג על פי חוקי הדְהָרְמַה, יזכה בשגשוג חומרי וצמיחה רוחנית?

אָמַה: כן. אם אדם ינהג על פי חוקי הדַהְרְמָה במובן האמיתי ביותר, זה בהחלט יעזור לו לזכות בשניהם. לראוואנה, (Ravana) מלך השדים, היו שני אחים. קומבהקארנה (Kumbhakarna) וויבהישאנה

(Vibhishana). כשראוונה חטף את סיטה, בת זוגו המקודשת של ראָמַה, שני אחיו הזהירו אותו שוב ושוב מתוצאות הרסניות שעלולות לבואו, ויעצו להחזיר את סיטה לראָמַה. הוא התעלם לחלוטין מתחנוניהם ובסופו של דבר הכריז מלחמה על ראָמַה. קומבהקארנה, למרות שהיה מודע להנהגותו הבלתי צודקת של אחיו הגדול, נכנע לראוואנה בגלל האחזותו בו ובגזע השדים. ויבהישאנה,

מצד שני, היה מאמין אדוק. היה לו קשה לקבל את התנהגותו הבלתי צודקת של אחיו, והמשיך לבטא את דאגתו בניסיון לשנות את התנהגותו של אחיו. בכל מקרה, ראוונה מעולם לא קיבל או הסכים, או אפילו הקשיב לדעתו. בסופו של דבר, ראוונה, האגואיסט הגדול, כל כך התרגז על אחיו הצעיר והיגלה אותו מהמדינה בגלל התעקשותו. ויבהישאנה, מצא מחסה לרגליו של רָאמַה. במלחמה לאחר מכן, ראוונה וקומבהקארנה נהרגו וסיטה שוחררה. לפני חזרתו לאיודהיה (ayodhya), מולדתו, רָאמַה, הכתיר את ויבהישאנה למלך לאנקה (lanka). משלושת האחים, ויבהישאנה היה היחיד שהצליח ליצור איזון בדרך החיים הנכונה בין החומרי והרוחני. איך הוא הצליח? זו תוצאה של השקפתו הרוחנית תוך כדי ביצוע מטלות חומריות, ולא ההפך. דרך זו, של מילוי חובות בעולם, תיקח את האדם למלוא המימוש. לעומת זאת, שני האחים האחרים, ראוונה וקומבהקארנה אחזו בהשקפה חומרית בעת שמילאו את חובותיהם הרוחניים. יחסו של ויבהישאנה היה לא אנוכי. הוא לא ביקש מרָאמַה לעשות אותו מלך. הוא רק רצה להיות נטוע בדְהָרְמַה. הנדר הבלתי מעורער וההחלטיות העניקו לו את כל הברכות. הוא השיג שגשוג חומרי ורוחני .

שואל: אָמַה זה היה יפה מאוד. אבל מחפש רוחני אינו משתוקק לשגשוג חומרי, נכון?

אָמַה: נכון. הדְהָרְמַה היחידה של מחפש כנה ואמיתי היא אך ורק הארה. הוא או היא לא יסתפקו בשום דבר אחר חוץ מהחוויה הזאת. כל דבר אחר אינו חשוב לאדם כזה.

שואל: אָמַה יש לי עוד שאלה אחת. את חושבת שיש ראוונה וקומבהקארנה כאלה בעולם היום? ואם כן, האם יהיה לויבהישאנה קל לשרוד בחברה?

אָמַה: (צוחקת) יש ראוואנה וקומבהקארנה בכל אחד. ההבדל היחיד הוא במידה. כמובן שישנם אנשים עם נטיות שטניות, כמו של ראוואנה וקומבהקארנה. למעשה, כל הכאוס והסיכסוכים שנראים בעולם כיום הם הסך הכל של מוחות כאלה. למרות זאת, ויבהישאנה אמיתיים ישרדו, כי ימצאו מפלט אצל רָאמַה או אלוהים שיגנו עליו.

שואל: למרות שאמרתי שזו היתה השאלה האחרונה, יש לי בעצם עוד שאלה, אם אָמַה מסכימה.

אָמַה: (באנגלית) אוקי. תשאל.

שואל: באופן אישי, מה את חושבת על ראוונה מודרניים כאלה?

אָמַה: הם גם ילדיה של אָמַה.

פעולה של אחדות כדְּהַ־רְמָה

"בעידן הזה של קָאלִי יוּגָה [עידן אפל של חומריות], הנטיה הכללית של אנשים בכל העולם היא להתרחק אחד מהשני. הם חיים מבודדים כמו איים, ללא שום חיבור פנימי. זה מסוכן ורק יגביר את צפיפות החשכה המקיפה אותנו. בין אם זה בין אנשים או בין בני אדם והטבע, האהבה היא זו שיוצרת את הגשר, את החיבור. פעולה של אחדות היא הכוח של העולם כיום. לכן היא צריכה להיחשב כאחת מהדְּהָרְמוֹת [חובות/תפקידים] הבולטות של התקופה הזאת."

מסירות ומודעות

שואל: האם יש קשר בין מודעות למסירות?

אָמַה: מסירות טהורה היא אהבה ללא תנאי. אהבה ללא תנאי היא כניעה. כניעה-עצמית מוחלטת משמעותה להיות פתוחים או רחבים לגמרי. הפתיחות הזאת או ההתרחבות הזאת היא מודעות. ואכן זוהי קְדֻשָּׁה.

סיוע לליבם הסגור של התלמידים להפתח

שואל: אָמָה, את אומרת לדבקיך ותלמידיך, שגורו פרטי נחוץ כדי להגיע לאלוהים, אך את מתייחסת לבריאה כולה כגורו שלך. את לא חושבת שלאחרים גם יש את האפשרות הזו?

אָמַה: בוודאי שיש להם. אך בדרך הרוחנית, אפשרויות לא עובדות בדרך כלל.

שואל: במקרה שלך זה עבד, לא כך?

אָמַה: במקרה של אָמַה, זו לא היתה אפשרות. אלא זה היה פשוט ספונטני.

ראה בני, אָמַה לא כופה כלום על אף אחד. לאלו בעלי האמונה הבלתי מעורערת לראות כל מצב, שלילי או חיובי, כאל מסר מאלוהים, לא נחוץ גורו חיצוני. אך

לכמה אנשים יש את הנחישות והכוח האלה? הדרך לאלוהים היא לא משהו שאפשר לכפות. זה לא עובד כך. להיפך, כפיה אפילו תהרוס את כל התהליך. בדרך הזו הגורו צריך להיות סבלני לאין שיעור עם התלמיד. ממש כמו ניצן שנפתח ומתפתח לפרח ריחני, הגורו עוזר לליבו הסגור של התלמיד להפתח במלואו.

התלמידים שוהים בבורות והגורו בהארה. לתלמידים אין מושג על הגורו ובאיזה מישור הוא פועל. כהמשך ישיר לבורותם, התלמידים עשויים לעיתים להיות חסרי סבלנות באופן קיצוני. היות שהם ביקורתיים, הם עשויים אפילו למצוא פגמים בגורו. בנסיבות כאלה, רק האהבה חסרת התנאים והחמלה של מאסטר אֱמֶת יכולה באמת לעזור לתלמיד.

משמעותה של הכרת תודה

שואל: מה המשמעות של הכרת תודה כלפי המאסטר או אלוהים?

אָמַה: גישה ענווה, פתוחה ותפילתית היא שעוזרת לקבל את חסד האלוהי. למאסטר אֱמֶת אין שום דבר להרוויח או להפסיד. כשהוא נטוע במצב הנעלה של אי-היצמדות, המאסטר לא מושפע באם אתה מכיר לו תודה או לא. עם זאת, גישה של הכרת תודה עוזרת לך לקבל את החסד האלוהי. הכרת תודה היא מצב פנימי. היה אסיר תודה לאלוהים, משום שזוהי הדרך הטובה ביותר להיחלץ מהעולם הצר, שנוצר מהגוף והמיינד, ולהיכנס לעולם הפנימי הרחב.

הכוח שמאחורי הגוף

שואל: האם כל נשמה היא שונה, וקיימת בזהות נפרדת?

אָמַה: האם חשמל הוא שונה, אפילו שהוא מתבטא באופן שונה במאווררים, מקררים, טלויזיות ומכשירים אחרים?

שואל: לא, אבל האם לנשמות קיום נפרד לאחר המוות?

אָמַה: בהתאם לקָארְמָה [התוצאות המצטברות של פעולות העבר] ולוָאסָאנוֹת [נטיות] המצטברות שלהן, למראית עין יהיה להן קיום נפרד.

שואל: האם לנשמות האישיות שלנו יש חֲשָׁקִים אפילו במצב זה?

אָמַה: כן, אבל הן אינן יכולות למלא אותם. בדיוק כמו שמישהו משותק אינו יכול לקום ולקחת דברים לפי רצונו, כך גם הנשמות אינן יכולות לספק את החשקים שלהן, כיוון שאין להן גוף.

שואל: כמה זמן הן נשארות במצב הזה?

אָמַה: זה תלוי בעוצמה של ה פְּרַארָבְּדְהַה קארמה (תוצאות פעולות העבר המתקיימות עכשיו).

שואל: מה קורה אחרי שזה מֻצָּה?

אָמַה: הן יוולדו מחדש, והמחזור ימשיך עד שיכירו מי הן באמת. בגלל ההזדהות שלנו עם הגוף והמיינד שלנו, אנחנו חושבים "אני העושה, אני החושב" וכן הלאה. במציאות, ללא קיומו של האַטְמָן (העצמי), לא הגוף ולא המיינד יכולים לתפקד. האם מכונה כלשהי יכולה לתפקד בלי חשמל? האם לא כוח החשמל הוא שמפעיל הכל? ללא כוח זה, אפילו המכונה הענקית היא כלום, רק ערמה של ברזל או פלדה. באותו אופן, לא משנה מה או מי אנחנו, זו נוכחותו של האַטְמָן שעוזרת לנו לעשות הכל. ללא האַטְמָן אנחנו רק חומר מת. לשכוח את האַטְמָן ולהפוך רק למעריצים את הגוף, זה כמו להתעלם מהחשמל ולהתאהב בחתיכת ציוד.

שתי התנסויות הכרחיות

שואל: האם מאסטרים מושלמים יכולים לבחור את זמן ונסיבות לידתם ומותם?

אָמָה: רק לישות מושלמת יש שליטה מוחלטת על מצבים כאלה. כל האחרים לגמרי חסרי אונים בעת שתי התנסויות הכרחיות אלה. אף אחד לא ישאל אותך איפה אתה רוצה להיוולד או מי או מה אתה רוצה להיות. באותו אופן, אף אחד לא ישלח לך הודעה ששואלת אם אתה מוכן למות. זה מתלונן על דירת החדר הקטנה שלו וזה שנהנה מאחוזה יוקרתית - ישארו בשקט ובנחת בחלל הצר של ארון קבורה כאשר נוכחות האַטְמָאן [העצמי הגבוה] איננה. אדם שלא היה יכול לחיות אפילו שניה בלי מזגן, לא תהיה לו או לה שום בעיה שהגוף שלהם ישרף במדורת הקבורה. למה?

כי הגוף עכשיו הוא חפץ חסר חיים.

שואל: מוות זה חוויה מפחידה נכון?

אָמָה: זו חוויה מפחידה למי שחי את חייו בהיזדהות שלמה עם האגו, בלי לתת את הדעת למציאות שמעבר לגוף והמיינד.

התחשבות באחרים

מאמין אחד רצה לתת לרוחניות הסבר קצר, פשוט וקל להבנה.

אָמַה אמרה "התחשבות באחרים בחמלה זו רוחניות."

"מצוין" אמר האיש וקם ללכת. אָמַה לפתע תופסת אותו ביד ואומרת לו "שב."

האיש ציית. אָמַה אוחזת אותו בדָארְשָן ביד אחת, מתכופפת קרוב אליו וברכות שואלת אותו באנגלית: "סיפור?"

האיש נראה קצת נבוך ושואל אותה: "אָמַה, את רוצה שאספר סיפור?"

אָמַה צוחקת ואומרת "לא! אתה רוצה לשמוע סיפור?"

האיש נרגש אומר "אני מאוד רוצה לשמוע סיפור שלך! אני כל כך מבורך."

אָמַה מתחילה לספר: "יום אחד, איש אחד, ישן עם פה פתוח, וזבוב עף פנימה. מאז, האיש הרגיש שהזבוב חי בתוכו. ככל שהדמיון שלו אודות הזבוב גדל, האיש המסכן נהיה יותר ויותר מודאג. בסוף הוא היה כל כך מודאג עד כדי סבל גדול ודיכאון. הוא הפסיק לאכול ולישון. הוא כבר לא מצא הנאה בחיים. כל מחשבותיו היו מרוכזות בזבוב. היו רואים אותו עוקב אחרי הזבוב מאזור אחד לאזור אחר בגוף שלו. הוא הלך לרופאים, פסיכולוגים פסיכיאטרים וכל מיני מרפאים שיעזרו לו להיפטר מהזבוב. כולם אמרו לו, תשמע אתה בסדר. אין בתוכך שום זבוב. וגם אם זבוב היה נכנס הוא בטח מת מזמן. אז תפסיק לדאוג, אתה בסדר. האיש לא האמין לאף אחד מהם והמשיך לסבול. יום אחד חבר שלו לקח אותו למַהָאטְמָה [נשמה גבוהה]. אחרי שהקשיב בתשומת לב רבה, המַהָאטְמָה בדק את האיש ואמר: אתה צודק.באמת יש זבוב בתוכך. אני רואה אותו מסתובב בפנים. בעודו מסתכל בתוך הפה הפעור, אומר: "אוי, אלוהים אדירים! תראו את זה! הוא מאוד גדל במשך הזמן!" מיד האיש מסתובב לאשתו וחברו ואומר "אתם רואים? איזה טיפשים אלה לא יודעים כלום. הבחור הזה מבין אותי. תוך שניה הוא גילה את הזבוב!"

"אל תזוז!" המָהַטְמָה אומר לו. "כל תזוזה תפריע לתהליך". ואז הוא מכסה את האיש בשמיכה גדולה , מכף רגל ועד ראש. "זה יזרז את התהליך. אני רוצה שכל הגוף ואפילו בתוך הגוף יהיה חשוך כך שהזבוב לא יראה כלום. אפילו אל תפתח את העיניים שלך" האיש כבר לגמרי האמין למָהַטְמָה והיה כבר מוכן במאה אחוז לעשות כל מה שהמַהַאטְמָה יאמר. "עכשיו תרגע ואל תזוז" אמר המַהַאטְמָה והלך לחדר השני, מתוך כוונה לתפוס זבוב חי. בסופו של דבר הוא חזר עם זבוב בבקבוק. הוא העביר ידיו על גופו של האיש. בזמן זה המַהַאטְמָה המשיך לדווח על תנועות הזבוב. אומר "עכשיו אל תזוז כי הזבוב יושב לך בבטן. אבל לפני שיכולתי לעשות משהו הוא עף וישב על הריאה. כמעט תפסתי אותו! אוי לא! הוא שוב ברח! נו נו הוא ממש זריז! עכשיו הוא שוב על הבטן... טוב. עכשיו אזמר מנטרה שתהפוך אותו לחסר תנועה!"

אז הוא עשה עצמו תופס את הזבוב ומוציא אותו מהבטן של האיש. לאחר כמה שניות המַהַאטְמָה ביקש מהאיש לפקוח עיניים ולהסיר את השמיכה. כשעשה זאת, המַהַאטְמָה הראה לו את הבקבוק עם הזבוב.

האיש היה כל כך מרוצה. הוא התחיל לרקוד. הוא אמר לאשתו "אמרתי לך מאה פעמים שאני צודק ואותם פסיכולוגים טיפשים. עכשיו אני חוזר אליהם לבקש את הכסף חזרה!"

במציאות, אכן לא היה שום זבוב. ההבדל היחיד היה שהמַהַאטְמָה התחשב באיש. האחרים לא. הם אמרו את האמת אבל לא עזרו לו. בעוד שהמַהַאטְמָה תמך בו, השתתף בצערו, והראה לו חמלה אמיתית. זה עזר לאיש להתגבר על חולשתו. היתה לו הבנה עמוקה לאיש, לסיבלו ומצבו הנפשי, אז הוא יָרַד לרמה שלו. לעומת האחרים שנשארו ברמת הבנתם ולא התחשבו במטופל שלהם.

אָמַה עצרה, ואז המשיכה. "בני, זה תהליך של התעוררות רוחנית. המאסטר מתחשב בזבוב הבורות של התלמיד - באגו -כֶּאֱמֶת. רק בהתחשבות בתלמיד ובבורות שלו, המאסטר זכה בשיתוף פעולה מלא. ללא שיתוף פעולה של התלמיד, המאסטר אינו יכול לעשות דבר. אבל, לתלמיד סקרן לא תהיה שום בעיה לשתף פעולה עם מאסטר אֱמֶת, כי מאסטר לוקח בחשבון את חולשותיו לפני שיעזור לו או לה להתעורר לַמְּצִיאוּת. העבודה הממשית של מאסטר אֱמֶת היא לעזור לתלמיד להיות מאסטר בכל המצבים."

רחם של אהבה

שואל: לאחרונה קראתי בספר, שלכולנו יש רחם רוחני. האם דבר כזה קיים?

אָמַּה: זו יכולה להיות רק דוגמה. אין כזה איבר ממשי הידוע בשם "רחם רוחני". אולי הכוונה היא שעלינו לפתח את היכולת לקלוט ולהבין איך להרגיש ולחוות אהבה בתוכנו. אלוהים נתן לכל אישה את מתנת הרחם, שם היא יכולה לשאת תינוק, להזין ולטפח אותו ולבסוף ללדת אותו. באופן דומה, אנו צריכים ליצור מספיק מרחב בתוכנו, שתיווצר ותגדל בו אהבה. המדיטציה, התפילות והשירים שלנו יזינו ויטפחו את האהבה הזו, כשהם עוזרים לה בהדרגה לגדול ולהתרחב מעבר לכל המגבלות. אהבה טהורה היא שָׁאקְטִי [אנרגיה] בצורתה הטהורה ביותר.

האם אנשים רוחניים הם מיוחדים?

שואל: אָמַה, האם את חושבת שרוחניות ואנשים רוחניים הם מיוחדים?

אָמַה: לא.

שואל: אז?

אָמַה: רוחניות היא בעצם לחיות חיים נורמליים לגמרי, בהתאמה לעצמי האותנטי. כך שאין שום דבר מיוחד בכך.

שואל: האם את אומרת, שרק אנשים עם נטייה רוחנית חיים חיים נורמליים?

אָמַה: האם אָמַה אמרה את זה?

שואל: לא באופן ישיר, אבל הטענה שלך מרמזת על זה, לא כך?

אָמַה: זוהי פרשנות למילים של אָמַה.

שואל: בסדר, אבל מה את חושבת על רוב האנשים שחיים בעולם?

אָמַה: לא רוב האנשים, האם לא כולנו חיים בעולם?

שואל: אָמַה, בבקשה...

אָמַה: כל עוד אנו חיים בעולם, אנו אנשים גשמיים. לעומת זאת, מה שהופך אותך לרוחני, היא הדרך בה אתה מתבונן על החיים והחוויות שאתה חווה בזמן החיים בעולם. ראה, בני, כולם חושבים שהם חיים חיים נורמליים. בין אם הם חיים חיים נורמליים ובין אם לא, זה משהו שכל אחד צריך לגלות דרך חקירה עצמית נכונה. עלינו לדעת גם, שרוחניות היא לא משהו יוצא דופן או יוצא מגדר הרגיל. רוחניות היא לא להפוך למיוחד, אלא להפוך לצנוע. חשוב להבין גם, שלידה בגוף אנושי לכשעצמה היא מאוד מיוחדת.

רק הפסקה זמנית

שואל: אָמַה, מדוע חוסר הצמדות (Detachment) כל כך חשובה בחיים רוחניים?

אָמַה: לא רק מחפשים רוחניים, אלא כל מי שחושק להגביר את הפוטנציאל והשלום המנטלי, צריך לתרגל חוסר הצמדות. להיות בחוסר הצמדות משמעותו להיות סָאקְשִׁי [עד/מתבונן] לכל התנסויות החיים.

היצמדות (Attachment) מעמיסה על התודעה וחוסר הצמדות פורקת ממנה את העומס. ככל שהתודעה עמוסה יותר כך היא תהיה מתוחה יותר ותשתוקק להיות ריקה. בעולם של היום, אנשים הופכים להיות עמוסים יותר ויותר במחשבות שליליות. באופן טבעי זה יעורר דחף חזק, צורך אמיתי בחוסר הצמדות.

שואל: אָמַה, אני מאוד רוצה לתרגל חוסר הצמדות אך האמונה שלי תמיד מתנדנדת.

אָמַה: אמונה מגיעה רק עם מודעות. ככל שיש לך יותר מודעות, כך תהיה יותר משוכנע. בן, קח בחשבון שהעולם הוא תחנה זמנית, אחת שהיא ארוכה קצת יותר. אנחנו כולנו נוסעים, וזהו עוד מקום שאנו מבקרים בו. כמו בנסיעה באוטובוס או רכבת, נפגוש הרבה חברים לנסיעה, שאיתם אנחנו עשויים לדבר ולחלוק את מחשבותינו בנוגע לענייני העולם והחיים. אחרי זמן קצר אנחנו עלולים לפתח היצמדות כלפי האדם שיושב לידנו. אך כל נוסע יצטרך לרדת מכלי הרכב ביעד המיועד לו. אז ברגע שאתה מכיר אדם או מתמקם איפה שהוא, שמור בתודעתך את הידיעה שיום אחד תצטרך לעזוב. אם תפתח אותה ותצמיד אותה לגישה חיובית, תודעתך בהחלט תדריך אותך בכל מאורעות החיים.

שואל: אָמַה, את אומרת שצריך לתרגל חוסר הצמדות בעוד אנחנו חיים בעולם?

אָמַה: (מחייכת) איפה עוד תוכל ללמוד חוסר הצמדות, אם לא בזמן שאתה חי בעולם? לאחר המוות? במציאות, תרגול חוסר הצמדות הוא הדרך להתגבר על הפחד ממוות. זה מבטיח מוות מבורך ונטול-כאב לגמרי.

שואל: איך זה אפשרי?

אָמַה: בגלל שכאשר אתה באי הצמדות אתה נשאר סָאקְשִׁי [עד מתבונן מהצד שאינו מעורב] אפילו לחוויית המוות. חוסר הצמדות היא גישה חיובית. היא תפישה נכונה. בזמן צפיה בסרט, אם נזדהה עם הדמויות, ואחר כך ננסה לחקות אותן בחיינו, האם זה יהיה טוב או רע? צפו בסרט עם המודעות שזהו רק סרט; ככה באמת תהנו ממנו. הדרך האמיתית לשלום היא חשיבה רוחנית ודרך חיים רוחנית. אתם לא רוחצים בנהר לנצח; אתם רוחצים בו כדי לצאת רעננים ונקיים. באופן דומה, אם אתם מעוניינים לחיות חיים רוחניים, חישבו את חייכם כבעלי-משפחה, כדרך להתיש את הוָאסַנוֹת [הנטיות] שלכם. במילים אחרות, זכרו כי אתם חיים חיי משפחה לא בכדי להפוך שקועים בהם יותר ויותר, אלא כדי להתיש וָאסַנוֹת כאלה ואחרות, ולהשתחרר משעבוד הפעולה. המטרה שלכם צריכה להיות התשה של וָאסַנוֹת שליליות, לא צבירה שלהן.

מה שהמיינד שומע

שואל: אָמַה, איך את מגדירה מיינד?

אָמַה: זה כלי שלעולם אינו שומע מה נאמר, אלא רק את מה שהוא רוצה לשמוע. אתה אומר משהו אחד והמיינד שומע משהו אחר. ואז אחרי חיתוך, הדבקה ועריכה הוא מבצע ניתוח של מה הוא שמע. בתהליך הזה המיינד מסיר כמה דברים ומוסיף כמה דברים למקור, מפרש משייף עד שסוף סוף מתאים לך. ואז אתה משכנע את עצמך שזה מה שאמרו לך. יש נער צעיר שמגיע לאשרם עם ההורים שלו. יום אחד אמא שלו סיפרה לאָמַה על אירוע מעניין שקרה בבית. האמא אמרה לבן שיהיה יותר רציני בלימודים, כי הבחינות מתקרבות מהר. סדר העדיפויות של הנער היו שונות. הוא העדיף להתאמן בספורט ולראות סרטים. בהמשך, בויכוח, בסופו של דבר הנער אמר לאמו: "אמא, לא שמעת שאָמַה מדגישה בשיחות שלה לחיות בהווה? למען השם אני לא מבין למה את מודאגת מהבחינות, שעוד יגיעו, כשיש לי דברים אחרים לעשות עכשיו". זה מה שהוא שמע.

אהבה וחוסר פחד

כדי לתאר איך אהבה מסלקת כל פחד, אָמָה סיפרה סיפור זה.

אָמָה: פעם היה מלך ששלט במדינה הודית וחי במצודה בפסגת ההרים. אישה אחת היתה כל בוקר באה למצודה למכור חלב. היא היתה מגיעה לפני 6 בבוקר ועוזבת לפני 6 בערב. ב 6 בערב בדיוק דלתות הענק של המצודה היו נסגרות ואי אפשר היה להיכנס או לצאת עד למחרת בבוקר. בכל בוקר כששומרים היו פותחים את דלתות הברזל היתה האישה עומדת ומחכה עם דלי חלב על ראשה. יום אחד, בעודה עושה דרכה החוצה, כמה שניות אחרי 6, הדלתות בדיוק נסגרו. בבית חיכה לה בנה הקטן. האישה נפלה לרגלי השומרים והתחננה שיתנו לה לצאת. בדמעות אמרה "בבקשה, רחמו עלי, בני הקטן לא יאכל ולא ישן אם לא אהיה איתו. ילדי המסכן יבכה כל הלילה אם לא יראה את אמו. בבקשה! תנו לי ללכת." למרות זאת, השומרים לא זזו מעמדתם, כי לא יכלו לפעול נגד הפקודות. האשה רצה מסביב לחומות בפניקה, מחפשת מעבר החוצה. היא לא יכולה היתה לסבול את המחשבה שבנה הקטן והתמים חרד ומחכה בקוצר רוח לאמו. המצודה היתה מוקפת סלעים הרריים, יערות מלאי שיחים קוצניים, זוחלים וצמחים רעילים. עם רדת החשכה, חסרת מנוח, החלבנית היתה יותר ויותר נחושה להיות עם בנה. היא הסתובבה סביב למצודה בחיפוש אחר מקום בו תוכל לטפס מטה ואיכשהו להגיע הביתה. סוף כל סוף היא מצאה מקום שנראה פחות תלול וגבוה. היא החביאה את הדלי בשיח קרוב, בזהירות היא התחילה לרדת מההר. תוך כדי כך היא נפצעה ונשרטה. מתעלמת מכל המיכשולים, המחשבות על בנה המריצו אותה. בסופו של דבר, היא הצליחה להגיע למרגלות ההר. החלבנית מיהרה לביתה ובילתה באושר עם בנה. למחרת בבוקר, בפותחם את הדלתות, השומרים נדהמו לראות את האשה שאמש לא יכולה היתה לצאת, עומדת ומחכה להיכנס. "אם חלבנית פשוטה מצאה דרך לטפס החוצה מהמצודה שאינה ניתנת לכיבוש, בטח יש איזה מקום שאויבנו יכולים למצוא ולהתקיף אותנו" הם חשבו. כשהבינו את מידת הסכנה, אנשי המשמר מיד עצרו את האישה והביאו אותה בפני המלך. המלך היה איש מאוד נבון ושקול. את חכמתו, אומץ רוחו ואבירותו היללו כל יושבי הארץ. הוא

קיבל את החלבנית באדיבות רבה. בכפות ידיים צמודות בהצדעה אמר: "הו אָמַה, אם השומרים שלי דוברי אמת בספרם שהצלחת לחמוק מכאן אמש, האם תסכימי להראות לי מהיכן הצלחת לרדת למטה?" החלבנית הובילה את המלך את השרים והשומרים לאותה נקודה. היא מצאה את הדלי שהשאירה לילה קודם חבוי בין השיחים והראתה אותו למלך. המלך, בהביטו בצלע ההר התלול ביקש מהאישה: "האם תואילי בבקשה להראות לי איך ירדת מפה אתמול בלילה?"

האישה, הביטה רועדת מפחד בקיר הר הסלע המאיים ואמרה "לא! אני לא יכולה!" "אז איך עשית זאת אתמול בלילה?" שאל המלך. "אני לא יודעת" ענתה. "אבל אני יודע" אמר המלך בעדינות. "זו היתה האהבה לבנך שנתנה לך את הכוח והאומץ לעשות את הבלתי אפשרי".

באהבת אמת יכול אדם להתעלות על הגוף, המיינד וכל פחד. כוחה של האהבה הוא אינסופי. כזאת אהבה היא מחבקת וממלאה הכל. באהבה כזאת אפשר להרגיש אחדות של העצמי. אהבה היא הנשימה של הנשמה. אף אחד לא יאמר "אני אנשום רק בנוכחותם של אישתי, ילדי, הורי וחברי. לא אוכל לנשום בנוכחותם של אויבי, אלה השונאים אותי או אלה שניצלו אותי."

לא תוכל לחיות כך; אתה תמות. כך, אהבה היא נוכחות, מעבר לכל חילוקי דעות, נוכחת בכל מקום. היא כוח החיים שלנו. אהבה טהורה, תמימה, מאפשרת הכל. כשליבך מלא בכוחה הטהור של האהבה, אפילו משימה בלתי אפשרית, הופכת לקלה כמו לקטוף פרח.

מדוע ישנן מלחמות?

שואל: אָמַה, מדוע ישנן כל כך הרבה מלחמות ואלימות?

אָמַה: בגלל חוסר הבנה.

שואל: מה זה חוסר הבנה?

אָמַה: העדר חמלה.

שואל: האם הבנה וחמלה קשורים זה לזה?

אָמַה: כן, כאשר הבנה אמיתית מתעוררת, אתה לומד באמת להתחשב באדם אחר, ולהעלים עין מחולשותיו/ה. משם, אהבה מתפתחת. כאשר אהבה טהורה זורחת מבפנים, חמלה גם כן תזרח.

שואל: אָמַה, שמעתי אותך אומרת, שהאגו הוא הגורם למלחמות וקונפליקטים.

אָמַה: זה נכון. אגו לא בשל וחוסר הבנה הם כמעט אותו דבר. אנחנו משתמשים בכל כך הרבה מילים, אבל למעשה המשמעות שלהן דומה.

כאשר בני אדם מאבדים את הקשר עם העצמי-הפנימי שלהם, ומזדהים יותר עם האגו שלהם, יכולה להיות רק אלימות ומלחמה. זה מה שקורה בעולם של היום.

שואל: אָמַה, האם את מתכוונת לכך שאנשים נותנים יותר מדי חשיבות לעולם החיצוני?

אָמַה: ציוויליזציה [נוחות והתפתחות חיצונית] וסַמְסְקַרָה [תרגול העשרת מחשבות ותכונות] אמורות ללכת יד-ביד. אך מה אנו רואים בחברה? ניוון מהיר של ערכים רוחניים, האם זה לא כך? קונפליקט ומלחמה הם הנקודה הנמוכה ביותר של הקיום, והגבוהה ביותר היא סַמְסְקַרָה.

ניתן לתאר את המצב של העולם כיום עם הדוגמה הבאה. דמיינו כביש צר מאוד. שני נהגים לוחצים על דוושת הבלם של המכוניות שלהם, כשכלי הרכב מתקרבים אחד לשני. אם אחד מהם לא יסוג מהדרך, הם לא יוכלו לעבור. לעומת זאת, כשהם יושבים בנחישות במושב שלהם, הנהגים מכריזים בעקשנות, שהם לא מתכוונים לזוז אפילו אינץ'. המצב יכול להגיע לפתרון, רק אם אחד מהם מראה קצת ענווה, ומפנה מקום בחפץ-לב לאחר. כך שניהם יוכלו לנהוג בקלות עד ליעדם. האחד שנסוג כדי לפנות דרך לאחר, יכול גם להנות מהידיעה שרק בזכותו האדם הזה יכול היה לעבור.

כיצד אנו יכולים לשמח את אָמַה?

שואלת: אָמַה, איך אני יכולה לשרת אותך?

אָמַה: על ידי כך שתשרתי אחרים ללא תמורה.

שואלת: מה אני יכולה לעשות כדי לשמח אותך?

אָמַה: עזרי לאחרים להיות שמחים. זה, בהחלט, עושה את אָמַה שמחה.

שואלת: אָמַה, את לא רוצה שום דבר ממני?

אָמַה: כן, אָמַה רוצה שתהיי שמחה.

שואלת: אָמַה, את כל כך יפה.

אָמַה: אבל היופי הזה נמצא גם בתוכך. את רק צריכה למצוא אותו.

שואלת: אני אוהבת אותך, אָמַה.

אָמַה: ביתי, במציאות, את ואָמַה לא שתיים. אנחנו אחת. כך שישנה רק אהבה.

הבעיה האמיתית

שואל: אָמַה, את אומרת שהכל אחד. אבל אני רואה שהכל נפרד. למה זה כך?

אָמַה: ראיה של דברים כנפרדים או שונים אחד מהשני היא לא בעיה. הבעיה האמיתית היא חוסר היכולת לראות את האחדות שמאחורי המגוון. זאת תפיסה מוטעית, שבהחלט מהווה מגבלה. צריך לתקן את האופן שבו מתבוננים על העולם ועל מה קורה סביבנו; אחרי כן, הכל ישתנה באופן אוטומטי.

ממש כמו שהראיה צריכה תיקון כשהעיניים שלנו נחלשות, כשאנחנו מתחילים לראות דברים כפולים- העיניים הפנימיות גם צריכות כיוונון, על-ידי מישהו הנטוע כבר בחווית האחדות הזאת, סָאטְגוּרוּ [מאסטר אמיתי].

אין שום דבר שגוי בעולם

שואל: מה לא בסדר בעולם? זה לא נראה טוב. יש מה לעשות בעניין?

אָמַה: אין שום בעיה עם העולם. הבעיה היא במיינד של בני אדם - האגו. זה האגו הבלתי נשלט שיוצר בעיה בעולם. קצת יותר הבנה וקצת יותר חמלה יכולים לשנות הרבה. האגו שולט בעולם. אנשים הם קורבנות חסרי אונים של האגו שלהם. קשה למצוא אנשים רגישים הניחנים בלב רחום. מצא את ההרמוניה הפנימית שלך, את שיר היופי של העולם ואת האהבה בפנים. צא החוצה לשרת את הסובלים. למד לשים את האחרים לפני עצמך. אך בשם האהבה והשרות לאחרים אל תתאהב באגו של עצמך. שמור על האגו שלך אך היה אדון למיינד והאגו. התחשב בכל אחד, כי זה השער לאלוהים ולעצמי שלך.

מדוע ללכת בנתיב הרוחני?

שואל: למה עלינו ללכת בנתיב הרוחני?

אָמַה: זה כמו שזרע ישאל, "למה עלי ללכת מתחת לאדמה, לנבוט ולצמוח מעלה?"

התמודדות עם אנרגיה רוחנית

שואל: *יש מעט אנשים, שמאבדים את שפיותם אחרי תרגול רוחני. מדוע זה קורה?*

אָמַה: תרגולים רוחניים מכינים את הגוף והמיינד המוגבלים שלך להכיל את השָׁאקְטִי [אנרגיה] האוניברסלית. הם פותחים את השערים לתודעה גבוהה יותר בך. במילים אחרות, הם מתעסקים באופן ישיר עם שָׁאקְטִי טהורה. אם אתה לא זהיר, הם עשויים לגרום לבעיות פיזיות או מנטליות. לדוגמה, אור עוזר לנו לראות. אך אור חזק מדי, יגרום נזק לעיניים שלנו. באופן דומה, שָׁאקְטִי או אושר-עילאי הם מאוד חיוניים. אבל אם אינך יודע איך להתעסק בהם באופן הנכון, זה יכול להיות מסוכן. רק הדרכה של סָאטְגּוּרוּ [מאסטר אמיתי] תעזור לך בכך באמת.

על תלונה מלב תמים וחמלה

ילד קטן בא בריצה לפני אָמַה והראה לה את כף ידו הימנית. אָמַה אחזה באצבעו בחיבה ואמרה, "מה, תינוק שלי?" הוא הסתובב ואמר, "שם..."

אָמַה: (באנגלית) מה שם?

ילד: אבא...

אָמַה: (באנגלית) אבא מה?

ילד: (מצביע על כף ידו) אבא יושב פה.

אָמַה: (מחבקת את הילד בחזקה ומדברת באנגלית) אָמַה קוראת לאבא.

בנקודה זו האב התקרב לאָמַה. הוא סיפר שהתיישב על היד של בנו הבוקר, בלי כוונה. זה קרה בבית, והילד הקטן ניסה להסביר זאת לאָמַה. כשהיא עדיין אוחזת

בילד קרוב אליה, אמרה אָמַה, "תראה, תינוק שלי, אָמַה הולכת להחטיף לאבא שלך, בסדר?"

הילד הנהן בראשו. אָמַה העמידה פנים שהיא מכה את האב, והאב העמיד פנים שהוא בוכה. לפתע, החזיק הילד את היד של אָמַה ואמר, "מספיק".

כשהיא אוחזת בילד אפילו חזק יותר, אָמַה צחקה. הדבקים הצטרפו גם.

אָמַה: תראו, הוא אוהב את אבא שלו. הוא לא רוצה שאף אחד יפגע באבא שלו. כמו הילד הזה, שבא ופתח את ליבו בפני אָמַה, ללא שום הכנה מראש. ילדים, גם אתם צריכים ללמוד לשפוך את ליבכם בפני אלוהים. למרות שאָמַה רק העמידה פנים שהיא מכה את אביו, עבור הילד הזה זה היה אמיתי. הוא לא רצה שאבא שלו ירגיש פגוע. בדומה לכך, ילדים, הבינו את כאבם של אחרים וגלו חמלה לכולם.

להעיר את התלמיד החולם

שואל: איך הגורו עוזר לתלמיד להתעלות מעל האגו?

אָמָה: ביצירת סיטואציה מתאימה. בעצם, זו החמלה של הסָאטְגוּרוּ [מאסטר האמיתי] שעוזרת לתלמיד.

שואל: אז מה בדיוק עוזר לתלמיד? הסיטואציה או החמלה של הגורו?

אָמָה: הסיטואציה נוצרת כתוצאה מחמלתו האינסופית של הסָאטְגוּרוּ.

שואל: אלה סיטואציות רגילות או מיוחדות?

אָמָה: אלה יהיו סיטואציות רגילות. למרות זאת הן גם מיוחדות כי זו עוד צורה של ברכה של הגורו לרומם את רוחו של התלמיד.

שואל: האם יש קונפליקט בין הגורו לתלמיד בתהליך הסרת האגו?

אָמַה: המיינד יאבק וימחה כי הוא רוצה להמשיך לישון ולחלום. הוא לא רוצה שיפריעו לו. המאסטר האמיתי הוא זה שמפריע לשינה של התלמיד. מטרתו היחידה של הסָאטְגוּרוּ היא לעורר את התלמיד. אז לכאורה יש פה סתירה. אבל, תלמיד אמיתי הניחן בשְׁרָאדְהָה [אמון אוהב] ישתמש ביכולת ההבחנה שלו כדי להתגבר על הקונפליקט הפנימי.

ציות לגורו

שואל: האם ציות מוחלט לגורו בסופו של דבר ימית את האגו?

אָמַה: כן. בכתבי הקאטופאנישד (Kathopanishad), הסָאטְגוּרוּ [מאסטר אמיתי] מיוצג על ידי יַאָמַה אדון המוות. זה בגלל שהגורו מסמל את מותו של האגו של התלמיד, מה שאפשרי רק בעזרתו של הסָאטְגוּרוּ . ציות לסָאטְגוּרוּ מגיע מאהבה לגורו. התלמיד יחווה השראה אדירה מהַקְרָבָתוֹ וחמלתו של המאסטר. נפעם מטבעו של הגורו התלמיד ישאר פתוח באופן ספונטאני וצייתן.

שואל: צריך אומץ בלתי רגיל כדי לעמוד במוות של האגו, נכון?

אָמַה: ללא ספק. זו הסיבה שכה מעטים מסוגלים לעשות זאת. לאפשר לאגו למות זה כמו לנקוש על דלתו של המוות. זה מה שעשה נָאצִ'יקֶטָאס, מחפש רוחני צעיר מכתבי הקָאטוֹפָּאנִישַד. אבל אם יש לך את האומץ והנחישות להקיש על דלתו של המוות, תבין שאין מוות. כי אפילו מוות ומות האגו הם אשליה.

האופק הינו כאן

שואל: היכן חבוי העצמי?

אָמַה: השאלה הזו היא כמו לשאול, "היכן אני חבוי?" אתה לא חבוי בשום מקום. אתה נמצא בתוכך. באופן דומה, העצמי נמצא בך ומחוץ לך.

במבט מהחוף זה נראה כאילו הים והאופק פוגשים אחד בשני בנקודה אחת. נניח ויש שם אי, נראה כאילו העצים נוגעים בשמיים. אולם, אם נלך לשם, נראה את נקודת המפגש? לא, להיפך, הנקודה אפילו זזה. עכשיו היא תהיה במקום אחר. במציאות, איפה נמצא האופק? האופק ממש כאן, היכן שאתה עומד, לא כך? באופן דומה, מה שאתם מחפשים הוא ממש כאן. אך כל עוד אנחנו מהופנטים על-ידי גופנו והמיינד שלנו, הוא ישאר רחוק.

מצידו של הידע הנשגב אתה כמו קבצן. המאסטר האמיתי מופיע ואומר לך, "הבט, כל היקום הוא שלך. זרוק את קערת הנדבות וחפש את המטמון שחבוי בתוכך."

הבורות שלך לגבי המציאות גורמת לך לומר בנחרצות, "את מדברת שטויות. אני קבצן ואני רוצה להמשיך לקבץ נדבות כל חיי. בבקשה הניחי לי." אולם, סָאטְגוּרוּ [מאסטר אמיתי] לא יעזוב אותך כך. הסָאטְגוּרוּ ימשיך להזכיר לך שוב ושוב את אותו הדבר, עד שתהיה משוכנע ותתחיל לחפש.

בקיצור, הסָאטְגוּרוּ עוזר לנו להבחין במצב הקבצן של המיינד, מפציר בנו לזרוק את קערת הנדבות, ומסייע לנו להפוך לבעלי היקום.

אמונה ומחרוזת תפילה

בזמן דֶווי בְּהָוָוֵה בסאן רַאמוֹן, קליפורניה, כשהייתי בדרכי לשיר בְּהַגָ'אנים [שירת דְּבֵקוּת/שירה מקודשת], התקרבה אלי אישה אחת כשדמעות בעיניה.

היא אמרה, "איבדתי משהו שיקר לי מאוד." האישה נשמעה נואשת מאוד. היא אמרה, "ישנתי למעלה במרפסת עם מחרוזת התפילה, שנתנה לי סבתא שלי. כשהתעוררתי, היא נעלמה. מישהו גנב אותה. היא היתה יקרת ערך בשבילי. הו, אלוהים, מה אני אמורה לעשות עכשיו?" היא התחילה לבכות.

"האם חיפשת ב'אבידות ומציאות'?" חקרתי.

"כן" היא ענתה, "אבל זה לא היה שם."

אמרתי, "בבקשה אל תבכי, בואי נפרסם הודעה. אם מישהו מצא אותה או לקח אותה בטעות, אולי הם יחזירו אותה, אם נסביר כמה היא יקרה לך."

כשהייתי בדרכי להוביל אותה למערכת-ההגברה היא התחילה לומר, "איך זה יכול לקרות בלילה של דווי בהווה, כשבאתי לקבל דארשאן של אָמַה?"

כששמעתי אותה אומרת את זה, באופן ספונטני אמרתי לה את המילים הבאות, "תראי, לא היית קשובה מספיק. לכן איבדת את המחרוזת. למה נרדמת עם המחרוזת ביד, אם היא כל כך חשובה לך? יש סוגי אנשים שונים שנאספו כאן הלילה. אָמַה לא מוותרת על אף-אחד. היא מאפשרת לכולם להשתתף ולשמוח. ביודעך את זה, היית צריכה לשמור על המחרוזת שלך יותר. במקום זה את מאשימה את אָמַה, מבלי להבחין באחריות שלך על כך שהיית רשלנית."

האישה לא השתכנעה ואמרה, "האמונה שלי באָמַה התערערה."

שאלתי אותה, "האם היתה בך אמונה שיכולת לאבד? אם היתה בך אמונה אמיתית, איך יכולת לאבד אותה?"

היא לא אמרה כלום. אולם, הנחיתי אותה למערכת ההגברה והיא הכריזה את ההודעה.

כמה שעות מאוחר יותר, כשסיימתי לשיר, פגשתי את האישה בכניסה הראשית לאולם. היא חיכתה לפגוש אותי. האישה אמרה לי שמצאה את המחרוזת. למעשה, מישהו ראה אותה מוטלת על המרפסת ולקח אותה, בחושבו שזו מתנה עבורו מאָמַה. אך כששמע את ההודעה, החזיר אותה.

האישה אמרה, "תודה על ההצעה שלך."

"תודי לאָמַה, על שהיתה כל כך רחומה, שלא רצתה שתאבדי את האמונה," עניתי. לפני שנפרדתי ממנה לשלום, אמרתי לה, "למרות שיש כאן מגוון רב של אנשים, כולם אוהבים את אָמַה; אחרת לא היית רואה את המחרוזת שלך שוב."

אהבה וכניעה

שואל: אָמַה, מה ההבדל בין אהבה לכניעה?

אָמַה: אהבה מותנית, כניעה היא ללא התניה.

שואל: מה זה אומר?

אָמַה: באהבה יש את האוהב ויש את האהוב, תלמיד ומאסטר, דָּבֵק ואלוהים. בכניעה (בהתמסרות) הכל נעלם. נשאר רק המאסטר. רק אלוהים.

מודעות וערנות

שואל: האם מודעות היא כמו שְׁרָאדְהָה [אהבה ואמון]?

אָמַה: ככל שיש לך יותר שְׁרָאדְהָה כך תהיה יותר מודע. חוסר מודעות יוצר מכשול בדרך לחופש נצחי. זה כמו לנהוג בערפל. לא תוכל לראות בבהירות. זה גם מסוכן כי ישנה סכנה לתאונה בכל עת. מצד שני, פעולה הנעשית במודעות עוזרת לך להכיר בטבעך האלוהי. עוזרת לך להשיג בהירות בכל רגע ורגע.

אמונה הופכת הכל לפשוט

שואל: מדוע הארה כל כך קשה להשגה?

אָמַה: למעשה, להגיע להארה זה פשוט, כי האָטְמַן [עצמי] הוא הקרוב אלינו ביותר. זהו המיינד שמקשה.

שואל: אבל לא כך זה מתואר בכתבים ועל ידי המאסטרים הגדולים. האמצעים והשיטות כל כך קפדניים.

אָמַה: הכתבים ומאסטרים גדולים תמיד מנסים לעשות את זה פשוט. הם ימשיכו להזכיר לך שהעצמי, או האלוהי, הוא טבעך האמיתי, מה שאומר שזה לא רחוק. זה אתה האמיתי, פרצופך המקורי. אך צריכה להיות בך אמונה כדי להטמיע את האמת הזאת. חוסר אמונה גורמת לדרך להיות קשוחה, ואמונה עושה אותה פשוטה. תאמר לילד, "אתה מלך" ותוך שניה הילד יזדהה עם זה ויתחיל להתנהג כמו מלך. האם למבוגרים יש כזו אמונה? לא, אין להם. ולכן קשה להם.

התמקדות במטרה

שואל: אָמַה, איך אפשר לשפר את המסע הרוחני?

אָמַה: דרך סַדְהָאנָה [תרגול רוחני] אמיתי והתמקדות במטרה. עליך לזכור תמיד שהקיום הפיזי שלך בעולם נועד להגשמה רוחנית. עצב את דרך החשיבה והחיים שלך כך שיתמכו בהתקדמות בדרך הרוחנית.

שואל: התמקדות במטרה היא כמו חוסר הצמדות?

אָמַה: כשמתרכזים במטרה, אי הצמדות עולה באופן אוטומטי. למשל, אם אתה נוסע לעיר אחרת לרגל עסקים דחופים, כל הזמן תהיה מרוכז בלהגיע, נכון? גם אם תראה בדרך פארק יפה ואגם, מסעדה טובה, או ג'אגלר מלהטט עם 15 כדורים וכדומה, האם תימשך אליהם? לא, אתה תישאר אדיש למראות אלה ותתרכז ביעד. לכן, אם אתה אכן ממוקד במטרה, אי הצמדות מיד עוקבת.

(אי הצמדות במובן detachment)

פעולה ושעבוד

שואל: ישנם אנשים שמאמינים כי פעולה יוצרת מכשולים בדרך הרוחנית, ולכן, מומלץ להימנע ממנה. האם זה נכון?

אָמַה: זאת בוודאי הגדרה של מישהו עצלן. קָארְמָה [פעולה] לכשעצמה אינה מסוכנת. אולם, כאשר היא לא משולבת עם חמלה, כשהיא נעשית למטרת סיפוק עצמי ורק להגשמת מניעים נסתרים, היא נעשית מסוכנת. לדוגמה, בזמן ניתוח, רופא צריך להיות מודע לחלוטין ובעל גישה חומלת. אם הרופא שקוע בצרות מהבית, רמת המודעות שלו או שלה, יורדת. זה עלול אפילו לסכן את חיי המטופל. קָארְמָה כזאת היא אַדְהָרְמַה [פעולה לא נכונה]. מצד שני, תחושת סיפוק-עצמי שרופא שואב מניתוח מוצלח, יכולה לעזור לו לעלות גבוה, אם הכיוון הוא כראוי. במילים אחרות, כשכוחות המניעים את הקָארְמָה הם מודעות וחמלה, היא תאיץ את המסע הרוחני. בניגוד לכך, אם נעשה דברים עם מעט מודעות או ללא מודעות כלל ובחוסר חמלה, המצב נעשה מסוכן.

כדי שתצמח יכולת הבחנה

שואל: אָמָה, כיצד צומחת יכולת הבחנה?

אָמָה: על ידי הרהור.

שואל: האם מיינד בעל יכולת הבחנה הוא מיינד בשל?

אָמָה: כן, מיינד בשל רוחנית.

שואל: האם למיינד כזה יש יכולות גדולות יותר?

אָמָה: יכולות והבנה גדולות יותר.

שואל: הבנה של מה?

אָמָה: הבנה של הכל, כל סיטואציה וחוויה.

שואל: את מתכוונת אפילו לסיטואציות שליליות וכואבות?

אָמָה: כן, כולן. אפילו חוויות מכאיבות, כאשר הן מובנות לעומק, יש להן אפקט חיובי על חיינו. ממש מתחת לפני השטח של כל החוויות, בין אם חיוביות או שליליות, ישנו מסר רוחני. כך שצפייה בכל מבחוץ היא גשמיות, וצפייה בכל מבפנים היא רוחניות.

הזינוק האחרון

שואל: אָמַה, האם בחייו של מחפש רוחני ישנו זמן שהוא או היא צריכים פשוט להמתין?

אָמַה: כן ,לאחר שמתרגלים אימון רוחני במשך זמן רב, כאשר שמים דגש ועושים את המאמץ ההכרחי, יגיע הרגע בו הסַדְהָאק [המחפש הרוחני] צריך להפסיק את כל הסַדְהָאנַה [תרגול רוחני] ולחכות בסבלנות להתגשמות שתקרה.

שואל: האם המחפש הרוחני יכול בנקודה זו לעשות את הקפיצה בעצמו?

אָמַה: לא, למעשה זו נקודה מכריעה, בה הסַדְהָאק זקוק לעזרה אדירה.

שואל: האם הגורו יספק עזרה זו?

אָמַה: כן, רק חסד של סָאטְגּוּרוּ [מאסטר אמיתי] יכול לעזור לסַדְהָאק בנקודה זו. זה הזמן שהסַדְהָאק נדרש לסבלנות. מכיוון שהתלמיד או התלמידה הרוחנית עשו כמיטב יכולתם; כל המאמץ הנדרש נעשה. כעת החניך או החניכה הרוחנית חסרי אונים, הוא או היא אינם יודעים כיצד לקחת את הקפיצה האחרונה. יתכן והחניך הרוחני יתבלבל ויפנה אל העולם שוב, עם המחשבה שבעצם אין דבר כזה התגשמות עצמית. רק בעזרת הנוכחות והחסד של הסָאטְגּוּרוּ יקבל המחפש את ההשראה ויתעלה ממצב זה.

הרגע המאושר ביותר בחייה של אָמַה

שואל: אָמַה, מהו הרגע המאושר בחייך?

אָמַה: כל רגע.

שואל: למה את מתכוונת?

אָמַה: אָמַה מתכוונת, שאָמַה שמחה כל הזמן, מכיוון שמבחינת אָמַה ישנה רק אהבה טהורה.

אָמַה הפסיקה לדבר לזמן מה. הדָארְשָׁן המשיך. ואז דָּבֵק אחד הביא תמונה של האלה קָאלִי הרוקדת על החזה של האל שיווה, על מנת שאָמַה תברך. אָמַה הראתה את התמונה לדָּבֵק שעמד בתור לשאלות.

אָמַה: התבונן בתמונה זו. למרות שקָאלִי נראית פראית, היא במצב רוח מאושר. אתה יודע מדוע? מכיוון שהיא כרתה כרגע את הראש, האגו, של תלמידה האהוב.

הראש נחשב למקום מושבו של האגו. קָאלִי חוגגת את הרגע בו תלמידה התעלה מעל האגו. עוד נשמה אשר שוטטה זמן רב בחשיכה, שוחררה מהאחיזה של המאיה [אשליה].

כאשר אדם מגיע לגאולה, הקוּנְדַלִינִי שָׁאקְטִי [אנרגיה רוחנית] של כל הבריאה עולה ומתעוררת. מאותו רגע ולתמיד הוא או היא רואים הכל כאלוהי. כך מתעוררת תחילתה של חגיגה אין סופית. ואז, קָאלִי רוקדת באקסטזה.

שואל: האם כוונתך היא גם לגבי עצמך? הרגעים המאושרים הם כאשר ילדייך מסוגלים להתעלות על האגו?

חיוך זוהר האיר את פניה של אָמַה.

המתנה הגדולה ביותר שאָמַה מעניקה

דָּבֵק מבוגר אחד, שהיה חולה בסרטן מתקדם, בא לקבל דָארְשָׁן מאָמַה. בידיעה שהוא הולך למות בקרוב, אמר האיש לאָמַה, "להתראות אָמַה, אני מודה לך מאוד על כל מה שנתת לי. שטפת את הילד הזה שלך במטר של אהבה טהורה והראית לי את הדרך בתקופה הכואבת הזאת. בלעדיך, כבר הייתי מתמוטט מזמן. השאירי תמיד את הנשמה הזאת קרוב אליך." כשאמר זאת, אחז הדָּבֵק בידה של אָמַה ומיקם אותה על החזה שלו.

אז התייפח האיש, כשהוא מכסה את פניו עם כפות ידיו. אָמַה הניחה אותו בחיבה על כתפה, כשהיא מנגבת את דמעותיה, שזלגו על לחיה שלה.

כשהיא מרימה את ראשו מכתפה, אָמַה הסתכלה עמוק לתוך עיניו של האיש. הוא הפסיק לבכות. הוא אפילו נראה מעודד וחזק. הוא אמר, "עם כל האהבה שהרעפת עלי, אָמַה, הבן הזה שלך לא עצוב. הדאגה היחידה שלי היא, האם אני הולך להישאר בחיקך גם אחרי המוות. בגלל זה בכיתי. חוץ מזה, אני בסדר."

כשהיא מביטה לתוך עיניו באהבה ודאגה, אמרה אָמַה ברוך, "אל תדאג, בני. אָמַה מבטיחה לך שתשאר בחיקה לנצח."

פניו של האיש האירו לפתע בשמחה עצומה. הוא נראה כה שליו. בעיניים דומעות, הביטה בו אָמַה בשקט, כשפנה ללכת.

אהבה מחייה כל דבר

שואלת: אָמַה, אם התודעה חדורה בכל מקום, האם עצמים חסרי־חיים גם בעלי תודעה?

אָמַה: הם בעלי תודעה, שאת לא יכולה להרגיש או להבין.

שואלת: איך ניתן להבין את זה?

אָמַה: דרך אהבה טהורה. אהבה נותנת חיים והופכת כל דבר למודע.

שואלת: יש בי אהבה, אבל אני לא רואה את הכל חי ובעל תודעה.

אָמַה: המשמעות היא שיש משהו שגוי באהבתך.

שואלת: אהבה זו אהבה. איך יכול להיות משהו שגוי באהבה?

אָמַה: אהבה אמיתית היא הדבר שעוזר לנו לחוות את החיים ואת כוח־החיים בכל מקום. אם האהבה שלך לא מאפשרת לך לראות את זה, אהבה כזאת היא לא אהבה אמיתית. היא אשליית אהבה.

שואלת: אבל זה משהו כל כך קשה להבין ולתרגל, לא כך?

אָמַּה: לא, זה לא.

התלמידה ישבה בשקט, כשמבט תמוה על פניה.

אָמַּה: זה לא קשה כמו שאת חושבת. למעשה, כמעט כולם עושים את זה. אבל, הם לא מודעים לכך.

ממש אז, תלמידה אחרת הביאה את החתול שלה, כדי שאָמַּה תברך אותו. אָמַּה הפסיקה לדבר לזמן מה. היא החזיקה את החתול בחיבה לכמה רגעים ונישקה אותו. ואז, בעדינות, היא מרחה קצת משחת סאנדאל על מצחו והאכילה אותו נשיקת שוקולד.

אָמַּה: בן או בת?

שואלת: בת.

אָמַּה: איך קוראים לה?

שואלת: רוֹז...(בדאגה רבה) היא לא מרגישה טוב ביומיים האחרונים. אנא ברכי אותה, אָמַּה, להחלמה מהירה. היא מלווה אותי וחברתי הנאמנה.

ברגע שאמרה האישה את המילים הללו, דמעות הופיעו בעיניה. אָמַּה פיזרה קצת אפר קדוש על החתולה והחזירה אותו לתלמידה, שהלכה משם כשהיא שמחה.

אָמַּה: לבת הזו, החתולה שלה היא לא אחת מתוך מיליון חתולים; החתולה שלה היא מיוחדת. היא כמעט כמו בת אנוש בשבילה. כל עוד מדובר בה, ל"רוז" שלה יש ייחודיות משל עצמה. למה? מפני שהיא אוהבת את החתולה כל כך. היא מזדהה איתה מאוד.

אנשים בכל העולם עושים כך, לא? הם נותנים שם לכלבים, חתולים, תוכים ולפעמים אפילו לעצים. ברגע שהם נתנו שם הם הופכים אותם לשלהם. ולאדם הספציפי הזה, החיה, הציפור או הצמח האלה הופכים ליוצאים מן הכלל ושונים מאחרים מאותו מין. לפתע הוא מקבל מעמד של יותר מ רק יצור. הזהות האינדיבידואלית הזאת נותנת לו חיים חדשים.

הביטי בילדים קטנים. בובה הופכת לדבר חי ובעל תודעה עבורם. הם משוחחים עם הבובה, מאכילים אותה וישנים איתה. מה נותן חיים לבובה? האהבה של הילד, לא כך? האהבה יכולה להפוך אפילו חפץ פשוט לדבר חי ומודע.

עכשיו, תאמרי לאָמַּה, האם זו אהבה מסובכת?

שיעור גדול במחילה

שואל: אָמַה, האם יש משהו שאת רוצה לומר לי עכשיו? יש לך הוראות מיוחדות בנקודה זו של חיי?

אָמַה: (מחייכת) היה סבלני.

שואל: זה הכל?

אָמַה: זה הרבה מאוד.
הדָּבֵק פנה והתחיל ללכת, כשאָמַה קראה לעברו, "...ושתדע גם מחילה."
כששמע את דבריה של אָמַה, הסתובב האיש בחזרה ושאל, "את מדברת אלי?"

אָמַה: כן, אליך.

האיש התקרב שוב לכסא של אָמַה.

שואל: אני בטוח שאת נותנת לי רמז כלשהו, משום שכך זה היה מנסיוני בעבר. אָמַה, בבקשה תגידי לי בְּבֵרוּר מה את מציעה.

אָמַה המשיכה לתת דָארְשָׁן , בעוד שהאיש מחכה לשמוע עוד. היא לא אמרה דבר במשך זמן מה.

אָמַה: בטוח יש משהו, איזו תקרית או סיטואציה שלפתע עלו לך במיינד. אחרת, למה הגבת במהירות כזאת כששמעת את אָמַה אומרת "מחילה"? בני, לא הגבת באותה צורה כשאָמַה אמרה לך "היה סבלני." קיבלת זאת והתחלת ללכת, לא כך? אז משהו באמת מטריד אותך.

כששמע את דברי אָמַה, התיישב האיש בשקט לזמן מה, כשראשו שמוט כלפי מטה. לפתע, התחיל לבכות, כשהוא מכסה את פניו בידיו. אָמַה לא יכלה לסבול את המראה של בנה הבוכה. היא ניגבה את דמעותיו בחיבה וליטפה את חזהו.

אָמַה: אל תדאג בני, אָמַה איתך.

שואל: (מתייפח) את צודקת. אני לא מסוגל לסלוח לבני. לא דיברתי איתו בשנה האחרונה. אני פגוע מאוד וכועס עליו כל כך. אָמַה, בבקשה, עזרי לי.

אָמַה: (מביטה בחמלה על הדָּבֵק) אָמַה מבינה.

שואל: לפני שנה בערך, הוא חזר הביתה מסומם לגמרי. כששאלתי אותו למעשיו, הוא נעשה אלים וצעק עלי. אחר כך התחיל לשבור צלחות ולהרוס חפצים. איבדתי את סבלנותי לגמרי, וסילקתי אותו מהבית. מאז, לא ראיתי או דיברתי איתו.

האיש נראה אומלל מאוד.

אָמַה: אָמַה רואה את ליבך. כל אחד היה מאבד שליטה ברגע כזה. אל תחוש רגשות אשמה על המקרה הזה. אבל זה מאוד חשוב שתמחל לו.

שואל: אני רוצה, אבל לא מסוגל למחול ולהמשיך הלאה. בכל רגע שליבי אומר לי למחול לו, המיינד מטיל בכך ספק. המיינד אומר, "למה לך למחול לו? הוא עשה טעות, אז תן לו לבוא ולהתחרט, ולבקש את מחילתך."

אָמַה: בני, אתה באמת רוצה לפתור את הסיטואציה הזאת?

שואל: כן, אָמַה. אני רוצה, ואני רוצה עזרה לרפא את בני ואת עצמי.

אָמַה: אם כך, אל תקשיב למיינד אף פעם. המיינד לא יכול לרפא או לפתור בעיות כאלה. להיפך, המיינד רק יחמיר אותן ויבלבל אותך יותר.

שואל: אָמַה, מה היא עצתך?

אָמַה: אָמַה עלולה להגיד דברים שאתה לא תרצה לשמוע. אבל אָמַה יכולה לומר לך מה באמת יעזור לך לרפא את המצב ולהשלים בינך ובין הבן שלך. אתה צריך לבטוח, ודברים ישתפרו בהדרגה.

שואל: בבקשה אָמַה, הנחי אותי. אנסה בכל כוחי לעשות כל מה שתאמרי.

אָמַה: מה שקרה, קרה. קודם כל, תרשה לעצמך לקבל את זה. אחר כך, בטח בכך, שמעבר לסיבה הידועה היתה גם סיבה לא ידועה בשרשרת האירועים שקרו באותו יום. המיינד שלך לא מתפשר ונחוש להאשים את בנך בהכל. בסדר. בהתחשב בתקרית הספציפית הזאת, אולי הוא אשם באמת. למרות זאת...

שואל: (חסר מנוחה) אָמַה, לא סיימת את מה שרצית להגיד.

אָמַה: תן לאָמַה לשאול אותך שאלה. האם היית בן מכבד ואוהב להורים שלך, לאבא שלך בפרט?

שואל: (נראה תמוה במקצת) עם אימי כן, היתה לנו מערכת יחסים נפלאה... אבל עם אבא שלי היתה לי מערכת יחסים נוראית.

אָמַה: למה?

שואל: בגלל שהוא היה קפדן מאוד, והיה לי קשה לקבל את השקפת עולמו.

אָמַה: וכמובן שהיו פעמים שהתנהגת אליו בחוצפה, ופגעת ברגשותיו, לא כך?

שואל: כן.

אָמַה: המשמעות של זה היא, שמה שעשית לאביך, חוזר אליך עכשיו דרך הבן שלך, המילים והמעשים שלו.

שואל: אָמַה, אני בוטח במה שאת אומרת.

אָמַה: בני, האם לא סבלת מאוד ממערכת היחסים המתוחה עם אבא שלך?

שואל: כן, סבלתי.

אָמַה: האם סלחת לו פעם, וריפאת את מערכת היחסים?

שואל: כן, אבל זה היה רק כמה ימים לפני מותו.

אָמַה: בני, האם אתה רוצה שהבן שלך יעבור את אותו הסבל, שבסופו של דבר ייסר אותך גם כן?

האיש פרץ בבכי, כשהוא מנענע את ראשו, "לא אָמַה, לא... אף פעם."

אָמַה: (אוחזת בו קרוב) אז, מחל לבן שלך, כי זוהי הדרך לשלום ואהבה.

האיש התיישב במדיטציה ליד אָמַה הרבה זמן. כשעזב, אמר, "אני מרגיש כל כך קל ורגוע. אני הולך לפגוש את הבן שלי בהקדם האפשרי. תודה, אָמַה. תודה רבה."

דָארְשָׁן

שואל: כיצד אנשים צריכים לגשת אליך, כדי לקבל את הדָארְשָׁן שלך בעוצמה?

אָמַה: כיצד נחווה בעוצמה את יופיו וריחו של פרח? על ידי כך שנשארים פתוחים אליו. אם האף שלכם סתום? תפספסו את זה. באופן דומה, אם המיינד שלכם חסום במחשבות ביקורתיות ורעיונות שגובשו מראש, תפספסו את הדָארְשָׁן של אָמַה.

חוקר רואה את הפרח כאובייקט לניסוי; משורר רואה בו כהשראה לשיר. ומה בנוגע למוזיקאי? הוא שר על הפרח. והרבליסט יראה בו מקור לתרופה יעילה, לא כך? לבעל חיים או חרק, הוא רק מקור למזון. אף לא אחד מהם רואה את הפרח, כפרח, כשלם. כמו כן, לאנשים יש נטיות שונות. אָמַה מקבלת את כולם אותו דבר- נותנת להם את אותה הזדמנות, אותו הדָארְשָׁן . היא לא נפטרת מאף-אחד, מפני שכולם ילדיה. אבל, בהסתמך על יכולת הקבלה של המקבל, הדָארְשָׁן יהיה שונה.

דָארְשָׁן תמיד שם. זהו זרם בלתי-פוסק. אתה רק צריך לקבל אותו. אם תוכל לסגת לגמרי מהמיינד במשך שניה אחת לפחות, הדָארְשָׁן יהיה במלואו.

שואל: במובן הזה, האם כולם מקבלים את הדָארְשָׁן שלך?

אָמַה: זה תלוי כמה האדם הזה פתוח. ככל שהוא יותר פתוח, הוא יקבל יותר דָארְשָׁן . אפילו אם לא במלואו, כולם מקבלים טעימה.

שואל: טעימה ממה?

אָמַה: טעימה ממה שהם באמת.

שואל: האם זה אומר שהם יקבלו טעימה ממה שאת באמת?

אָמַה: המציאות שבתוכך או בתוך אָמַה היא זהה.

שואל: מה היא?

אָמַה: השקט המלא באושר עילאי של האהבה.

לא חשיבה, אלא מתן אמון

עיתונאי: אָמַה, מה היא התכלית שלך כאן בעולם?

אָמַה: מה היא התכלית שלך כאן בעולם?

עיתונאי: הצבתי לעצמי מטרות בחיים. אני חושב שאני כאן כדי להשיג אותן.

אָמַה: אָמַה גם נמצאת כאן כדי לממש מספר מטרות חיוניות לחברה. אולם, שלא כמוך, אָמַה לא רק חושבת שהמטרות האלה יושגו, לאָמַה יש ביטחון מלא שמטרות אלה יתממשו.

אום טאט סאט

מילון מונחים

אַדְהַרְמַה (adharma): אי צדק, עוולה, סטיה מהרמוניה טבעית.

אוואטר (avatar): מהשורש בסנסקריט 'אווא-טאראטי' - 'לרדת למטה', התגלמות אלוהית בגוף גשמי. אוֹם טַאט סַאט (om tat sat): משמש כקריאה מסכמת בטקסים וֶדים. זוהי דרך לאשר את הנוכחות האלוהית.

אוּפַּאנִישַׁד (Upanishad): חלקים של הוֶדות העוסקים בידע העצמי (self-knowledge).

אַטְמַן, אַטְמָה (atma, atman): האני/העצמי האמיתי. הטבע המהותי של קיומנו האמיתי. אחד מעקרונות היסוד של הסַנַאטַנָה דְהַרְמַה הוא שאנו איננו הגוף הפיזי, הרגשות, המיינד, האינטלקט, או האישיות. אנו האני העצמי הנצחי, הטהור, ללא רבב או דופי.

אינְדְרָפְּרַאסְטָהא (Indraprastha): עיר מפוארת המוזכרת בּמַהַבְּהַארַטַה (*Mahabharata*), מלאה בארמונות מהודרים, מקדשים, גנים, ומבני פאר נוספים.

אַסַאטְיָה (asatya): אי אמת, שקר.

אַרְדְהָאנַארִישְׁוַארָה (ardhanarishvara): 'האל שחציו אישה' מסמל את האיחוד בין ההיבט הזכרי והנקבי של האלוהות. כלומר, אלוהות המורכבת מחיבור של האל הגברי שיווה והאלה הנשית פַּרְוואטִי.

אַשְׁרַם (ashram): 'מקום של שאיפה' (מאמץ מתמשך להשגת מטרה). מקום בו מחפשים רוחניים חיים או מבקרים, כדי לנהל אורח חיים רוחני. זהו בדרך כלל ביתו של מאסטר רוחני, קדוש או נזיר המדריך את השואפים.

אַשְׁרַאמָה (ashrama): הסַנַאטַנָה דְהַרְמַה חילקה את החיים לארבעה שלבים (ashramas). החיים של תלמיד נקראים בְּרַהְמַצָ'אריָה brahmacharya (חיי תלמיד). גְרִיהַסְטַא (grihastha) הוא השלב של חיי איש משפחה בו אדם צובר הון ומגשים את תשוקותיו בעודו מנהל חיים מוסריים. לאחר שהילדים גדלים הבעל והאישה מניחים את מחויבויותיהם הגשמיות ומתרכזים בהפצת הדְהַרְמַה ובתרגול רוחני. שלב זה נקרא וַאנַאפְּרַאסְטָה (vanaprastha), שלב הפרישה. סַאנְיָאסָה (sannyasa) הוא השלב הסופי בחיים. הוא מתבטא בפרישות מוחלטת ואי הצמדות לכל הקשרים הגשמיים. הסַאנְיַאסִי מתרכז במוֹקְשָׁה (שיחרור) וחי חיי מתבודד.

בִּיגְ'אַקְשָׁאַרַס (bijaksharas): הברות זרע או צלילים פונטיים הנושאים עוצמה אנרגטית, המשמשים גם כמנטרות.

בְּהַגַ'אן (bhajan): שיר דבקות או מזמור בשבח האל.

בּוּדְהַה (Buddha): מהשורש 'בּוּד' שמשמעותו 'להתעורר', וגם איזכור לחכם גַאוּטָמַה בודהה, מאסטר רוחני שתורתו מהווה את הבסיס לבודהיזם.

בִּינְדוּ (bindu): נקודה, חוד, מרכז.

בְּרַהְמָן (brahman): המציאות המוחלטת, הישות העליונה; השלם; זה שמכיל ונמצא בכל, והוא אחד ואינו ניתן לחלוקה.

גָ'פַּאה מַאלָה (japa mala): שרשרת חרוזי תפילה המשמשת למדיטציה וחזרה על מנטרות.

גוֹבַארְדְהָאנַה (Govardhana): גבעה הנזכרת בבְּהַגָוואטַה פּוּרָאנַה *(Bhagavata Purana)*, בסיפור ידוע בו קרישנה אחז בה כמטריה כדי להגן על אנשי וְרִינְדָוַאן מגשמי הזעף ששלח אִינְדְרַה.

גוֹפִּי (gopi): עלמה חלבנית/חולבת פרות מ וְרִינְדָוַאן. הגוֹפִּיוֹת היו ידועות במסירות נלהבת לאל קרישנה. המסירות שלהן מהווה דוגמא לאהבה העזה ביותר לאלוהים.

גְ'יוֹטִיש (jyotish): אסטרולוגיה וֶדית.

דַארְשָׁן (darshan): פגישה עם אדם קדוש או חזיון של האלוהי. הדארשן האופייני של אָמַה הוא חיבוק.

דְהַרְמַה (dharma): 'זו המקיימת (את הבריאה)'. באופן כללי הכוונה להרמוניה של היקום, קוד התנהגות הגונה, חובה קדושה, או החוק הנצחי.

דְוואפָּארַה יוּגָה (dvapara yuga): עידן המתאפיין בחומרנות גוברת, התדרדרות המעלות טובות, ושימת דגש רבה על מנהגים טקסיים. לעיתים קרובות מתואר כתקופת מעבר בין עידנים מוארים רוחנית לתקופות חשוכות יותר המגיעות לאחר מכן.

דֶוִי בְּהַאוָה (devi bhava): 'מצב הרוח האלוהי של דֶוִי'; אירוע בו אָמַה חושפת את האחדות שלה עם האם האלוהית.

דוּרְיוֹדְאהָנָה (Duryodhana): דמות מהאפוס מַהַבְּהַארָאטַה *(Mahabharata)*; הבן הבכור של המלך העיוור דְרִיטַארָאשְׁטְרָה (Dhritarashtra) והיריב הראשי בסיפור.

וַאִירַאגְיַה (vairagya): ניתוק, קוֹר רוּחַ (ההפך מתשוקה).

וַאסָאנַה (vasana): נטייה סמויה או תשוקה עדינה המתבטאת כמחשבה, מניע ופעולה.

וֶדָאנְטָה (Vedanta): 'סוף הֶוֶדָה'. הפילוסופיה של ה אוּפַּאנִישַׁדוֹת (Upanishads), החלק המסכם של הוֶדוֹת, לפיו האמת האולטימטיבית היא 'אחד שאין שני לו'.

וֶדָאנְטִין (Vedantin): זה ההולך בדרך הוֶדָאנְטַה.

וִיבְּהִישָׁאנַה (Vibhishana): דמות באפוס רָאמַיָאנַה (*Ramayana*) ואחיו הצעיר של רַאוָאנָה (Ravana) שלבסוף מפנה את גבו לאחיו ומצטרף לאל רָאמַה.

וְרִינְדָאוון (Vrindavan): מקום קדוש במחוז מַאטוּרַה (Mathura) באוּטַּאר פְּרַאדֶש, נודע כמקום בו קרישנה גדל ובילה את ימיו כצעיר רועה פרות.

טַאפַּאס (tapas): סגפנות; כפרה; תרגול של משמעת עצמית הנעשה למטרת טיהור עצמי והשגת תובנה רוחנית.

טְרֶטַה יוּגָה (treta yuga): עידן המאופיין בירידה במוסריות והופעת פגמים סְפוֹרִים בחברה. עם זאת, בהשוואה ליוּגוֹת המאוחרות, הטרטה יוּגָה, שבמהלכה שלט האל ראמה, נחשבת עדיין כעידן מוסרי יחסית; ראו 'יוּגָה'.

יַאגְ'נוֹפָּאוִיטַאם (Yajñopavitam): מורכב משלושה חוטים, הַיַאגְ'נוֹפָּאוִיטַאם נלבש באלכסון לגוף כדי לייצג את האחריות שאדם נושא למשפחתו, לחברה ולגורו.

יָאמַה (Yama): אל המוות והצדק.

יוּגָה (yuga): לפי תפיסת העולם של ההינדואיזם, היקום (מתחילתו עד פירוקו) עובר דרך מחזור המורכב מארבע "יוּגוֹת" או עידנים. נאמר שהעידנים מתדרדרים בהדרגה מבחינת ערכי מוסר ואתיקה, תוחלת החיים, ואיכות החיים הכללית. ארבעת העידנים הם קְרִיטַה (krita) או סַאטְיָה יוּגָה (satya), טְרֶטַה (treta) יוּגָה (התקופה בה מלך האל ראמה) דְוואַפַּארָה יוּגָה (dvapara) (התקופה בה קרישנה נולד) והעידן הרביעי והנוכחי הוא הידוע כקָאלִי יוּגָה (kali).

יוּדְהִישְׁטִירַה (Yudhishthira): דמות מהאפוס הגדול מַהַבְּהַארָאטַה (*Mahabharata*) והבכור מבני הפַּאנְדַאוַה (Pandava) המוסריים שנילחמו נגד בני דודם הקָאוּרָאוַס (Kauravas) המושחתים.

לִילָה (lila): משחק אלוהי.

מָאיָה (maya): 'אשליה'. כוח אלוהי או מַעֲטֶה אשר בו אלוהים, במשחק הבריאה שלו, מסתיר עצמו ונותן את הרושם של ריבוי, ובכך יוצר את אשלית ההִפָּרְדוּת. מאחר והמאיה מסתירה את המציאות, היא משלה אותנו, גורמת לנו להאמין שהשלמות נמצאת מחוץ לנו. זו הסיבה מדוע המאיה עשויה להצטייר כמפתה.

מַהַבְּהַארָאטַה (Mahabharata): אפוס הודי עתיק וכביר שהקדוש וְיָאסַה (Vyasa) חיבר, המתאר את המלחמה בין הַפַּאנְדַאוַס (Pandavas) המוסריים והקָאוּרַאוַס (Kauravas) המושחתים.

מַהַטְמָה (mahatma): 'נשמה דגולה', מונח המשמש לתאר אדם שהשיג הארה רוחנית.

מוֹקְשָׁה (moksha): שיחרור רוחני, כלומר שיחרור ממעגל הלידה והמוות.

מַנְטְרָה (mantra): צליל, הברה, מילה או מילים הנושאות תוכן רוחני. על פי פרשנים וֶדים (vedic), מנטרות הן תגליות של הרִישִׁים (rishis) (החכמים/חוזים העתיקים) העולות מתוך התבוננות עמוקה.

מַנְטְרָה דְּרִישְׁטָה (mantra drishta): אדם אשר ראה או הבין את המנטרה, שהשיג זאת באמצעות תרגול רוחני (סַדְהָאנַה) עקבי וכנה.

מַנְטְרַת המְרִיטְיוּנְגַ'איָה (Mrityuñjaya mantra): מנצח המוות, שם המשמש את האל שיווה. מאנטרת המירטיונג'איה היא מנטרה המוקדשת לאל שיווה.

נָאצִ'יקֵטַאס (Nachiketas): נער צעיר המוזכר ב קַאטוֹאוּפַּאנִישַׁד (Kathopanishad) שביקש מהאל יָאמַה לחשוף את סוד המוות.

נִירְגוּנַה (nirguna): ללא תכונות; ההיבט חסר הצורה של אלוהים (לעומת סַאגוּנַה (saguna).

סַאגוּנַה (saguna): עם תכונות; אלוהות כבעל תכונות, צורות ואיכויות ספציפיות. וִישְׁנוּ (vishnu), שִׁיווה (shiva), או (דֶוִי) devi נחשבים להתגלמות סאגונה של האל חסר הצורה. (בניגוד לנירגונה-nirguna).

סָאטְגוּרוּ (satguru): 'מאסטר אמיתי'. כל הסאטגורואים הם מַאהַטְמוֹת (mahatmas), אך לא כל המַאהַטְמוֹת הם סאטגורואים. סאטגורו הוא זה שבעודו חווה את האושר של העצמי, בוחר לרדת לרמה של בני אדם רגילים כדי לעזור להם לצמוח רוחנית.

סָאטְיַה (satya): אמת.

סָאטְיַה יוּגָה (satya yuga): עידן בו הדְהַרְמַה שולטת בחברה; ראו 'יוּגָה'.

סָאנְיַאסה (sannyasa): ראו אשראמה ('ashrama'). סָאנְיַאסה הוא השלב המתאפיין בויתור על היצמדויות ארציות ועיסוק מוחלט במטרות רוחניות.

סָאנְיַאסי (sannyasi): נזיר שלקח על עצמו נדרי פרישות.

סָאקְשִׁי (sakshi): עֵד, מתייחס למתבונן הפנימי, הצופה בחוויות ומחשבות.

סַדְהָנַאה (sadhana): משטר של תרגול רוחני ממושמע ומסור המוביל למטרה העליונה של מימוש עצמי (הארה).

סַדְהָק (sadhak, sadhaka): שואף או מחפש רוחני, מי שמקדיש עצמו להשגת המטרה הרוחנית, מי שמתרגל סַדְהָאנַה.

סוּדַאמָה (Sudama): חבר ילדות ודָבֵק גדול של האל קרישנה שסיפורו מופיע בשְׁרִימַד בְּהַגָוואטַם *(Shrimad Bhagavatam)*.

סֶווה (seva): שירות שאינו אנוכי, שתוצאותיו (פירותיו) מוקדשות לאלוהים.

סִידְהִיס (siddhis): השגת שלמות מלאה בתרגול או נושא; כוח על טבעי (בדרך כלל מוזכרים שמונה כוחות כאלה). כוחות יוגיים אלו עלולים להוליך שולל מחפשים רוחניים, אשר עשויים לסטות מהמטרה הרוחנית העליונה של שחרור.

סִיטַה (Sita): בת זוגו של רָאמַה (Rama) באפוס רָאמַיָאנַה *(Ramayana)*. היא נחשבת אידאל הנשיות.

סַמָאדְהִי (samadhi): אחדות עם אלוהים; מצב של ריכוז עמוק וממוקד בו כל המחשבות שָׁכְכוּ. המיינד נכנס למצב של שקט מלא בו נותרה רק מודעות טהורה, והאדם שוכן באַטְמָן (atman) או בעצמי (Self).

סַמְסְקַארָה (saṁskara): רשמים שנותרו במיינד כתוצאה של חוויות, פעולות ומחשבות עבר. רשמים אלה מעצבים את אופיו, נטיותיו, ותגובותיו של אדם במצבים שונים בעתיד. מסיבה זו, גם טקסים מסורתיים בסַאנָאטַנַה דְהַרְמַה נקראים סַמְסְקַארוֹת (saṁskaras).

סַנָאטַנָה דְהַרְמַה (sanatana dharma): 'הדרך הנצחית של החיים', השם המקורי והמסורתי של ההינדואיזם.

פַּאנְדַאוַס (Pandavas): חמשת הבנים של המלך פַּאנְדוּ (Pandu), בני הדודים של האל קרישנה, והגיבורים הראשיים באפוס הגדול מַהַבְּהַארָאטַה *(Mahabharata)*.

פַּאנְצַ'אלִי (Pañchali): המכונה גם דְּרַאוּפָּדִי (Draupadi), דמות באפוס הגדול מַהַבְּהַארָאטַה *(Mahabharata)* הידועה בחוזקה, כבודה, צדקתה ואמונתה באל קרישנה.

פַּארַמְאַטְמָן (paramatman): עצמי עליון, ברהמאן.

פּוּרְנַאמָדַה פּוּרְנַאמִידַם (purnamadam purnamidam): מנטרת שלום וֶדית מתוך ה-אִישָׁא אוּפַּאנִישַׁד (Isha Upanishad) ומשמעותה "זה השלם, זהו השלם".

פראסאד (prasad): מִנְחָה מבורכת או מתנה מאדם קדוש או מקדש, לרוב בצורת אוכל.

פְּרַארָבְּדְהַה קארמה (prarabdha karma): תוצאות של פעולות שנעשו בעבר אשר יש לחוות בחיים האלה.

קָאוּרַאוַס (Kauravas): 100 הילדים של המלך דְּרִיטַארָאשְׁטְרַה (Dhritarashtra) והמלכה גָּנְדְהַרִי (Gandhari), שדוּרְיוֹדְאהָנַה (Duryodhana) הלא מוסרי היה הבכור שבהם. הקָאוּרַאוַס היו האויבים של בני הדודים שלהם, הפַּאנְדַאוַס (Pandavas) המוסריים, שנלחמו בהם במלחמת המַהַבְּהַארָאטַה.

קַאטוֹאוּפַּאנִישַׁד (Kathopanishad): אופאנישאד ראשי הכתוב כדיאלוג בין הנער המתבגר נָאצִ'יקֵטַאס (Nachiketas) לבין יָאמַה, אל המוות.

קַאִילָאש (Kailash, Kailasa): הר קאילאש הוא פסגה מקודשת בהימאליה; משכנם של שיווה ופַּרְוואטִי.

קָאלִי (Kali): אלה בעלת חזות מטילת אימה; מתוארת ככהת עור, לובשת שרשרת גולגלות המסמלת את האגו, וחגורת ידיים אנושיות המייצגת את ההכנעה של פעולות והצמדויות הדבקים בפני האלה; נקבה של קָאלַה (זמן).

קָאלִי יוּגָה (kali yuga): העידן החשוך העכשווי של חומרנות ובורות. (ראה יוּגָה)

קַארְמָה (karma): פעולה; פעילות מנטלית, מילולית ופיזית; שרשרת של השפעות הנוצרות על ידי המעשים שלנו.

קוּמְבְּהַקָארְנַה (Kumbhakarna): דמות באפוס רָאמַיָאנַה *(Ramayana)*, שֵׁד ענק, אחיו של רַאוָאנָה (Ravana), ידוע בתאבון האדיר שלו ובתקופות ארוכות של שינה.

קוּנְדָלִינִי (kundalini): אנרגיה נשית רדומה אשר לפי האמונה שוכנת מפותלת בבסיס של עמוד השדרה. היא מתעוררת על ידי תרגול רוחני אינטנסיבי. ראו את תורתה של אָמַה על קונדליני שָׁאקְטִי.

קְרִישְׁנָה (Krishna): מהמילה 'קְרִישׁ', שמשמעותה 'למשוך אל עצמו', או 'להסיר חטא'; גלגול חשוב של האל וִישְׁנוּ. הוא נולד למשפחת מלוכה אך גדל עם הורים מאמצים, חי כנער רועה פרות בוְרִינְדָוַאוּן, שם היה אהוב ונערץ על בני לוויתו המסורים, הגוֹפִּיוֹת (עלמות חלבניות) והגוֹפִּים (נערים רועי פרות). בהמשך קרישנה הקים את העיר דְוָוארַאקָה (Dwaraka). הוא היה חבר ויועץ של בני דודיו, הפַּאנְדַאוַס, בעיקר אַרְג'וּנַה, אותו שרת כנהג מרכבה במלחמת המַהַבְּהַארָטַה *(Mahabharata)*, ולו גילה את תורתו ב בְּהַגַוָואד גִיטַה *(Bhagavad Gita)*.

קְרִישְׁנָה בְּהַאוָה (Krishna Bhava): 'מצב רוח אלוהי של קרישנה', אירוע בו אָמַה חושפת את אחדותה עם האל קרישנה.

רָאמַה (Rama): גיבור אלוהי מהרָאמַיָאנַה. גילגול של האל וִישְׁנוּ (Vishnu), הוא נחשב האדם האידאלי של דְהַרְמַה ויושר. 'ראם' (‘Ram’) משמעו ׳לחגוג׳; זה אשר חוגג את עצמו; העיקרון של הנאה פנימית; מי שמשמח את ליבם של אחרים.

רַאוָאנָה (Ravana): שֵׁד רב עוצמה. וִישְׁנוּ (Vishnu) התגלגל כרָאמַה כדי להרוג אותו ובכך להשיב הרמוניה לעולם.

רִישִׁי (rishis): רואה (נביא/חוזה) שהמנטרות התגלו לו במדיטציה עמוקה.

שָׁאקְטִי (shakti): הכוח הדינמי שמניע את כל היקום, לעיתים קרובות מתואר בצורות (דמויות) משתנות כמו דוּרְגַה (Durga), קאלי (Kali) וכדומה. ראו גם 'מאיה' (‘maya’).

שיווה (Shiva): ההיבט הסטטי (קבוע, שאין בו תנועה) של בְּרַהְמָן כעיקרון הזכרי. סוגדים לו כראשון בשושלת הגורואים, וכבסיס חסר הצורה של היקום ביחס לשאקטי שהיא היוצרת. הוא אדון ההרס בשילוש של בְּרַהְמָה (Brahma) (אדון הבריאה),וִישְׁנוּ (Vishnu) (אדון השימור) ושיווה (Shiva). בדרך כלל מתואר כנזיר, עם אפר על כל גופו, נחשים בשערו, לבוש רק באזור החלציים ומחזיק קערת קיבוץ נדבות וקילשון בידיו.

שְׁרַדְהַה (shraddha): שימת לב, אמונה.